エネルギー
デジタル化の
最前線 2020

Forefront of energy digitization

IoT・AI・データを活用した
先進事例8社のビジネスモデルを公開

江田健二

エネルギーフォーラム

はじめに

「エネルギービジネスは、今後、インフラ産業から情報・サービス産業へと発展していく」。半年以上かけて、先進的な取り組みをしている8社のインタビューをした筆者の最終的な結論だ。

もともと筆者は、エネルギーに関連する情報をビジネスに活用していく動きに以前から注目し、非常に興味と期待を持っていた。しかし、好意的に注目する一方、「どのように収益を上げていくのか?」、「具体的なサービスとして何が生まれるのか?」については、イメージが曖昧《あいまい》だった。「情報・サービス産業への進化」が、エネルギービジネスの更なる発展へのきっかけになると思いながらも、それを人にうまく説明することができなかった。つまり、しっかりと理解していなかったのだ。

幸い、書籍の執筆をきっかけに具体的な事業に取り組み始めている企業の方々の生の声を聞く機会に恵まれた。1社ずつインタビューしていくなかで、階段を一段一段上るように、これまで曖昧だったビジネスの「輪郭《りんかく》」が頭の中に浮かび上がってきた。さらに、社会全体を変革している「情報のデジタル化」について学び直しを行い、「やはり、エネルギー利用情報は宝の山だ」と確信した。

本書は、エネルギービジネスのさらなる可能性について解説し、エネルギーに関わる企業の方々が、これから挑戦すべき事業として「情報・サービス産業」を提案したものである。

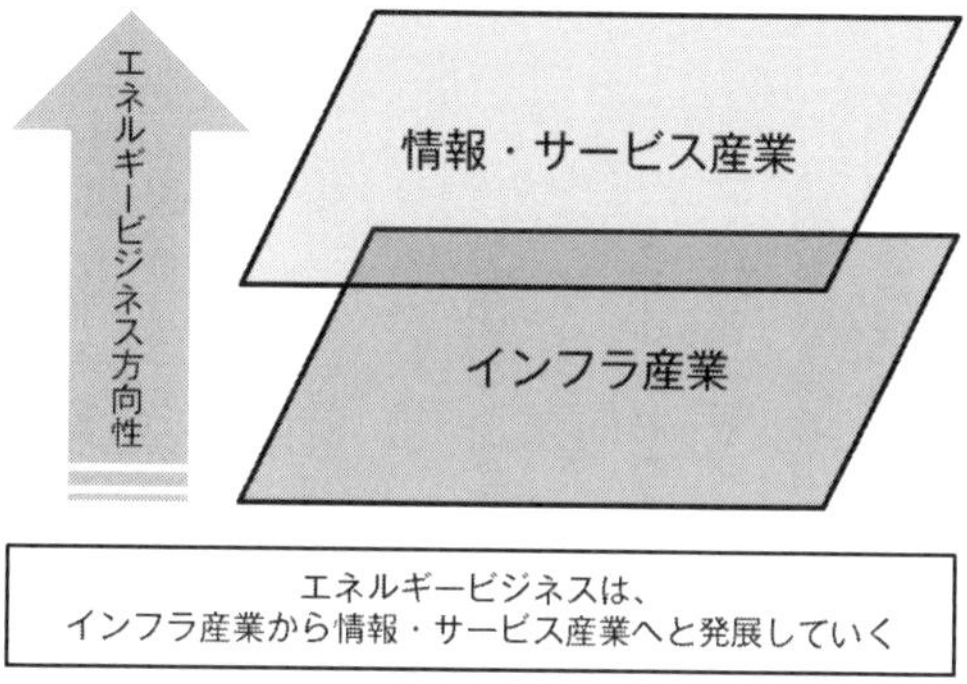
エネルギービジネス方向性
情報・サービス産業
インフラ産業
エネルギービジネスは、
インフラ産業から情報・サービス産業へと発展していく

第1章では、「社会の大きな変化」、「ビジネスの世界において、これまで以上に情報が価値を高めていく理由」、「情報が持つ独自の経済特性」などについて共有する。加えて、将来エネルギー企業のライバルとなり得るGAFA（Google、Amazon、Facebook、Apple）が、なぜここまで成功できたのか、これから何を狙っているのかについて解説している。

第2章では、話題をエネルギー分野によりフォーカスしている。「インフラ産業からサービス・情報産業へ」と発展していく必要性、エネルギー情報の可能性、利用価値を向上させるポイント、日本が抱える社会課題との関連性やビジネスチャンスについてまとめた。

第3章では、エネルギー利用情報を活用し事業を立ち上げている国内の8社のインタビューを紹介する。各社のインタビュー部分では、「事業の背景」、「狙い」、「ビジネスモデル」、「課題の解決方法」、「将来の展望」などについて詳しく記載している。実際にエネルギービジネス、情報ビジネスに関わる読者の皆様にとって、具体的なヒントとなるよう工夫した。

全体を通して、技術的な専門用語などは、できる限りわかりやすく解説するように心がけた。特に「エネルギー業界」、「デジタルテクノロジー」については、あまり詳しい知識を持たなくても無理なく読み進められるように、多数の事例を紹介している。

「現実世界の情報が収集、活用されることで、暮らしがどう変化していくのか」、「AI（人工知能）やIoT（モノのインターネット）が、どのように私たちの生活やビジネスにかかわってくるのか」など、決して遠くない未来を読者の皆様がイメージできるような内容にしている。

「エネルギー利用情報は、宝の山」。半年以上かけて筆者がたどった思考のプロセスを、書籍という形で読者の皆様と共有できることを、とてもうれしく思っている。ぜひ、じっくりと読んでいただき、新しいビジネスの可能性に思いを馳《は》せていただければ幸いである。

目　次

第3章　先進企業8社の事例から学ぶエネルギー情報・サービス産業化　63

インタビュー⑤ KDDI　118

コラム

インタビュー⑥　エンコアードジャパン（ソフトバンクグループ）　134

第1章 「情報」をめぐる変化の波

「明日から1週間、パソコンもスマートフォンも利用禁止！」と言われたら、筆者は、驚きのあまり頭が真っ白になるかもしれない。筆者だけではない、ほとんどの人が「困る」のではないだろうか。

「いつでも、どこでも」インターネットにアクセスするようになってから、かれこれ10年以上が過ぎようとしている。朝、目覚めてから眠りにつくほんの少し前まで、スマートフォンやタブレットを手放さなくなった。同僚と仕事の打ち合わせをしているときも右手でスマートフォンをいじっている。カフェで友人と会話をしながらも、遠くにいる他の友人とチャットをする。そんな習慣を持つようになった読者も少なくないだろう。

「なるほど、そんな方法があるのですね！」。新入社員だったころ、混雑した電車内で上手に4つに折りながら新聞を読む方法を先輩から教わり、「さすが！」と感心した。当時、電車内は、新聞や週刊誌、マンガ雑誌を読む乗客であふれていた。

20年後の今はどうか？　駅のホームで電車を待つ間も吊り革につかまって電車に揺られているときも、多くの人がスマートフォンの小さな画面をのぞき込んでいる。LINEで連絡を取る人、Youtubeで動画を視聴している人、Googleカレンダーでスケジュールを確認している人とさまざまだ。先輩から、せっかく教わった新聞の4つ折り方法を後輩に得意げに教えることは、残念ながらなさそうだ。スマートフォンでネットニュースを見るほうが断然、便利だからだ。周りを気にせず、好きなタイミングで知りたい情報を調べられるし、気になった情報のＵＲＬをコピーして、その場で同僚に送ることもできる。今は、仕事でもプライベートでもパソコンやスマートフォンが不可欠である。

私たちは、インターネットを中心に増え続けていく情報を柔軟に受け入れ、対応してきた。デスクトップパソコンからノートパソコン、スマートフォンへとデバイスを進化させ、それを駆使することで「情報」をうまく使いこなし、生活やビジネスをより豊かにしてきた。「情報」の取り扱いには、だいぶ慣れてきた感がある。しかし、この「しっかりとコントロールできているはずの情報」に、私たちが知らない大きな変化が起きているとしたら。

筆者は、エネルギービジネスにおける情報・サービス産業への可能性を伝えるには、まず「情報」の未来について再認識することが大切だと考えている。その理由から、この章では、「社会の大きな変化」、「ビジネスの世界において、これまで以上に情報が価値を高めていく理由」、「情報が持つ独自の経済特性」などについて改めて共有していく。

これまでは、○○が情報をデジタル化してきた

手書きのメモやアルバムの写真。これまでアナログに管理されていた情報は、パソコンやス

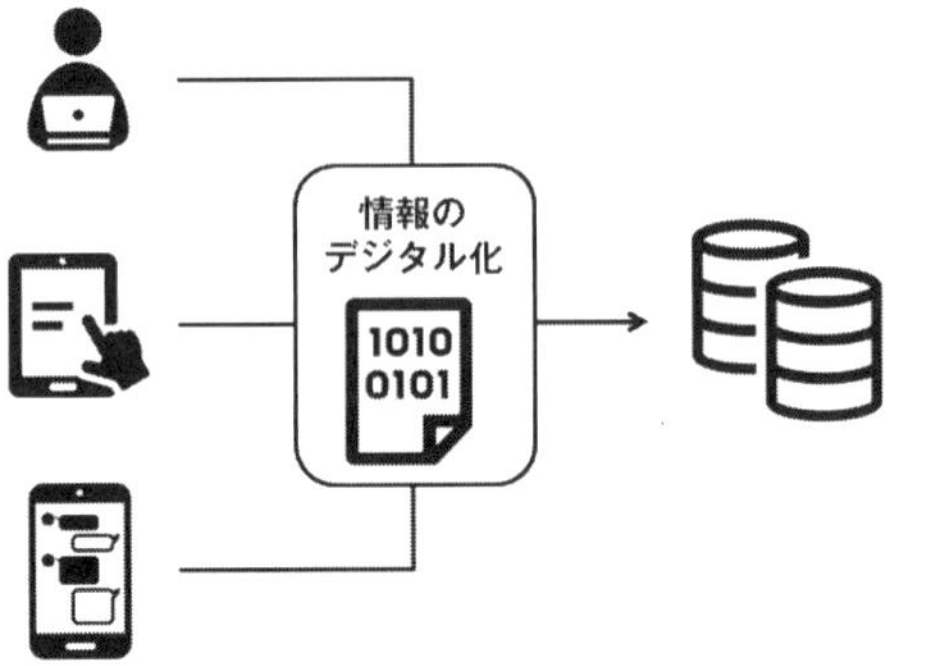

パソコン、タブレット、スマートフォンを利用して、
「人間」が中心となって情報をデジタル化してきた

マートフォンの利用とともに「デジタル化（データ化）」されてきた。例えば、ＧmailやＬＩＮＥで友人にメッセージを送る。その過程で文章や写真は、「アナログ」から「デジタル」に変換される。

筆者も、これまで大量の情報を「デジタル化」してきたひとりだ。12年前からメールサービスとしてGoogleのGmailを愛用しているが、調べてみたところ、これまでの送信メール数は３万６０００件を超えていた。平均しても１年間で３０００件。１日８〜10件程度のメールを送信していることになる。メール以外にも２０１０年ころからFacebookやＬＩＮＥなども活用しているから、インターネットを利用して誰かに送ったメッセージは、１年間に５０００件を超えている。少なくとも毎年、５０００件以上の「情報」をデジタル化してきたことになる。これまでは、私たち人間が中心となって、パソコンやスマートフォンを使い情報を「デジタル化」してきた。

新たなプレイヤーの出現

「誰が情報をデジタル化するのか？」ここに大きな変化が起きている。最近、情報を集めてデジタル化する新たなプレイヤーが出現した。人ではなく機械だ。「えっ！　機械がどうやって情報を集めてくるのか？」と疑問に思う読者も多いだろう。

この変化には、複数の新しいテクノロジーが活用される。新しいテクノロジーとは、センサーテクノロジー、ＩｏＴ、５Ｇ（第5世代移動通信システム）、クラウドコンピューティング、ＡＩなどだ。

機械が情報を集めてデジタル化していく一連の流れを、家庭のリビングを例に紹介する。デジタル化の入り口は、家庭にいくつものセンサーやＩｏＴ機器、カメラを設置することから始まる。それらが情報を収集する最初の機械といえるだろう。センサーやＩｏＴ機器がリビングから集める情報は多種多様だ。例えば、部屋の中の気温や湿度、部屋の明るさ、話し声、テレビの声、画像、電化製品の利用状況などになる。

集められた数値データや画像データは、インターネットを経由して、クラウドコンピューター

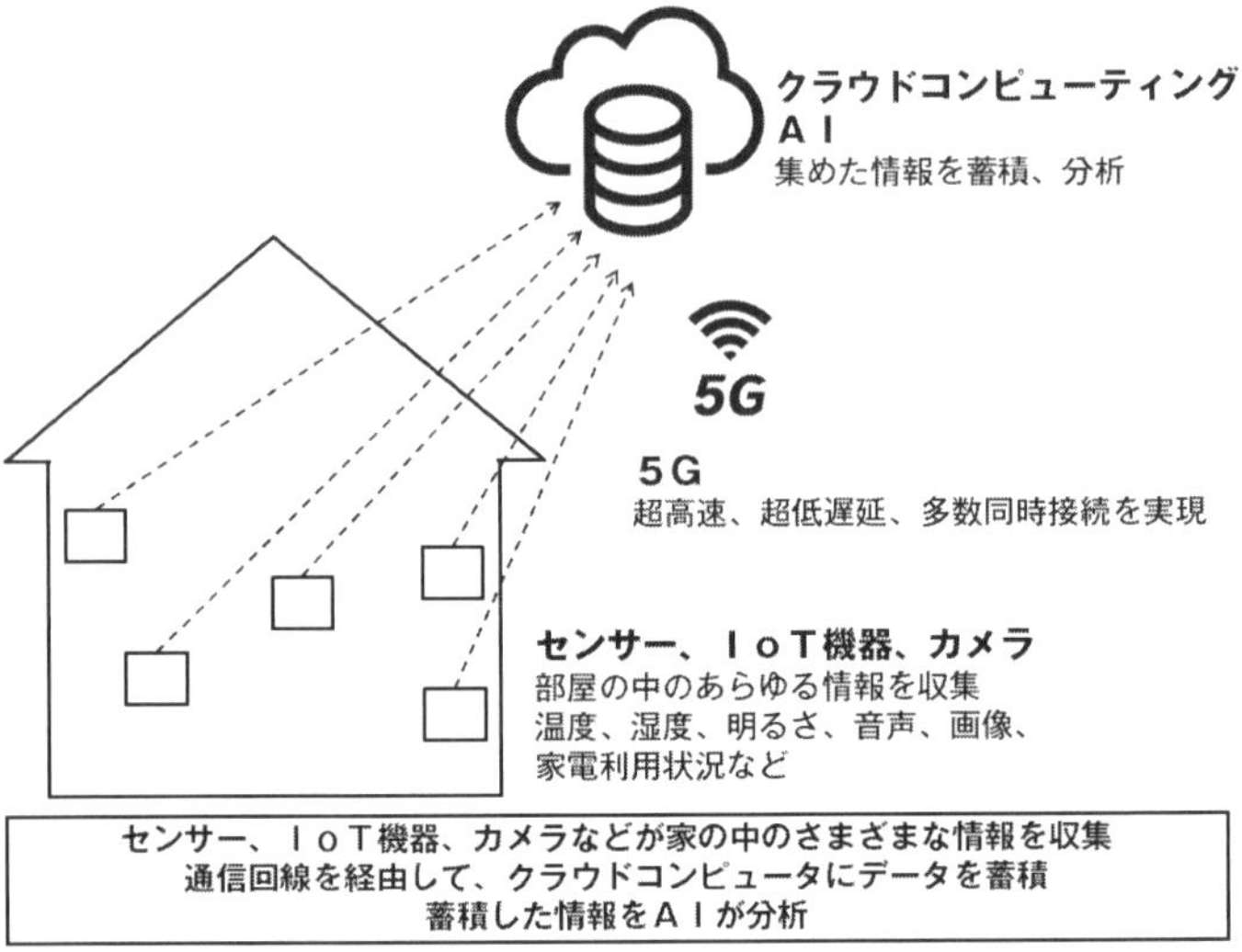

に送られ蓄積されていく。大量の情報をクラウドコンピューターに素早く送り込むのは、現在の１００倍のスピードで通信ができる５Ｇの技術だ。クラウドコンピューターに蓄積された情報はＡＩにより分析される。複数のテクノロジーがつながり合うことで、機械が私たちの生活の中の情報を収集し、蓄積・分析できる環境が生まれた。

変わる情報の「量」と「質」

これまでの人に加えて、これからは機械も情報を集める。機械は、私たちが寝ている間も含めて24時間３６５日休まず情報を集め続けてくれる。その結果、蓄積されるデータの「量」は、これまで以上の勢いで増加していく。

「量」の増加とともにもうひとつ重要な変化は、機械が集める情報の中に、これまでとは異なった「質」の情報が含まれるという点である。人が情報を集める場合は、人が理解できる情報、利用したい情報であることが多い。具体的には、誰かへのメッセージ、見てわかる数値、動画、写真などだ。対して機械は、「人が感知できないほどささいな情報」、「人が認識しにくく集めることができなかった情報」なども収集する。加えて、私たちが「使うかどうかわからない情報」というものも集められ、蓄積されていく。

ビルのエレベータを例に取ってみよう。エレベータの「時間帯ごとの利用者数」や「フロアごとの昇降頻度」などの情報は、誰もが利用価値があると納得できる。なぜなら、エレベータの運営の効率化を考える際に役に立つ情報だからだ。

では、エレベータの「搭乗者の服装や服の色」についてはどうか？　どのように活用したらよいかちょっと見当がつかない。「服装や服の色」から季節感、搭乗者の年代くらいは推測できるかもしれないが、どこまで利用価値のある情報か判断が難しい。もし、情報の収集に人の手がかかるのであれば、人件費との兼ね合いから、「利用するか、しないかわからない情報」をわざわざ集めることはしない。しかし、機械が勝手に集めてくれるのであれば、話は別だ。無数に設置されたセンサーやカメラ、ＩｏＴ機器は、エレベータの搭乗者の服装情報も含めて自動的に集めて蓄積し続けていく。

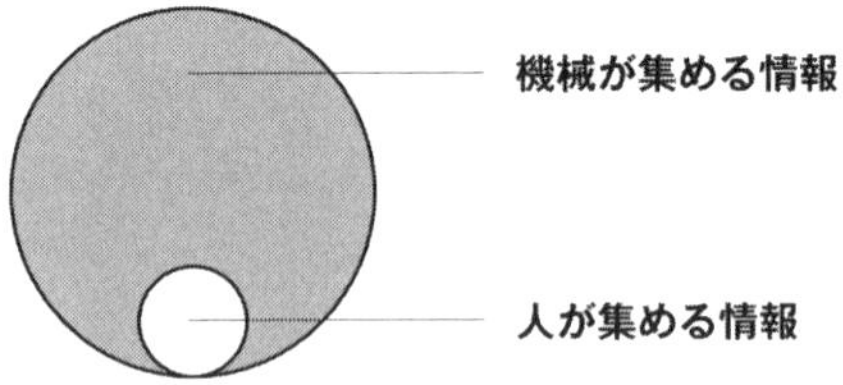

これからは、人に加えて機械も情報をデジタル化
集まる情報の「量」、「質」ともに大きく変化する

これからは、「そもそも使うかどうかがわからない情報」までが自動的に集められる時代になるのだ。つまり、私たちを取り巻く「現実世界」の情報が、ことごとく「デジタル化」され、蓄積されていく。

「便利」、「快適」が不安を打ち消す

機械が自動的に現実世界の情報を集め続ける未来は、集まった情報をうまく使いこなすことで生活や仕事がより便利になっているであろうことは、たやすく予想できる。今以上に便利で快適になった未来は、バラ色であるが、同時に不安ももたらす。「必要な情報」だけでなく、「使うかどうかわからない情報」も私たちの知らない間に集められるからだ。集められた情報の中にはもちろん、個人のプライバシーに関連する内容がたくさん含まれている。まさに個人情報の塊《かたまり》であり、取扱いには非常に注意が必要だが、その情報は誰が守るのだろう？　情報漏洩《ろうえい》が発生し、悪意のある第三者が情報を閲覧できたら大問題である。バラ色の未来は、情報のセキュリティ

強化が一層求められる時代といえる。

気をつけなければならないのは、セキュリティの強化だけではない。進化するＡＩの存在だ。ＡＩは、集めた情報から私たちの生活パターンを分析し、行動を予測する。ＡＩは、私たちの生活をサポートするだけでなく、ＡＩが考える最適な行動へ、私たちを「さりげなく」誘導するかもしれないのだ。

そんな未来を予言した小説がある。ショートショート（短編小説）の第一人者である星新一氏が、40年以上前に発表した『声の網』という作品だ。小説には、今でいうＡＩスピーカー（小説では電話網）が登場する。家庭のあらゆる会話を電話網が勝手に盗聴し、会話から学習した電話網の先につながった無数のコンピューター（今でいうクラウドコンピューターとＡＩ）が、少しずつ賢くなっていく。一人ひとりの行動をコントロールしながら、最終的には、人間社会を支配していくという話だ。人々は、まさか自分たちが電話網とコンピューターにコントロールされているとは気が付かず、いつもと変わらない日常をなんの疑問も持たずに楽しく生きていく。

『声の網』を読んだのは、つい最近なのだが、筆者は、人間がコンピューターにコントロールされながらも、それなりに幸せに生きる世界の「ユーモラスさ」と、なんとも言えない「気味の悪さ」を感じた。この感覚は、実は以前にも感じたことがある「気味の悪さ」だ。最初に感

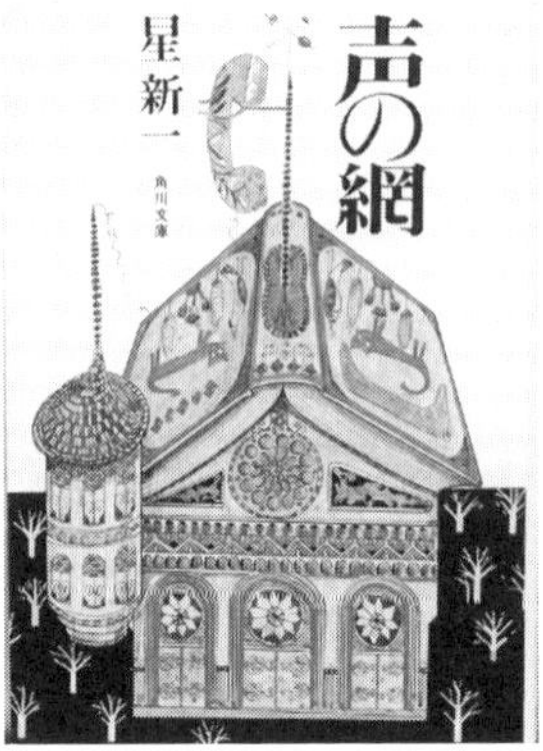

ショートショート
『声の網』
星 新一 著
1970年初刊

電話網から集まる人々の情報からコンピューターが徐々に賢くなり、
人間の身勝手な行動をコントロールする。
最終的には、人間社会をコンピューターが支配し、平和な世の中が訪れる姿をユーモラスに表現した小説

じたのは１９９０年代後半。そう、インターネットが社会に普及し始めたころだ。増え続ける情報の波を、私たちはコントロールできるのだろうか。コントロールしているように感じているが、本当は、私たちは情報に操《あやつ》られているのではないか。

インターネットが一般化するにつれ、「日々の情報に私たちが対応しきれなくなるのではないか？」、「玉石混交の情報が、考え方や行動に悪影響を与えるのではないか？」と問題点を指摘する多くの論文や書籍が出版され、インターネット懐疑論を主張する専門家もいた。彼らの主張は、もっともであった。

では、誰もインターネットを利用しなくなったのか？結果がその逆となったのは、読者の皆様もおわかりだろう。インターネットは爆発的に普及した。今や電気が通っていない辺境でもwi-fiなどの無線インターネットだけはつながることもある。ロウソクの灯《あか》りで生活す

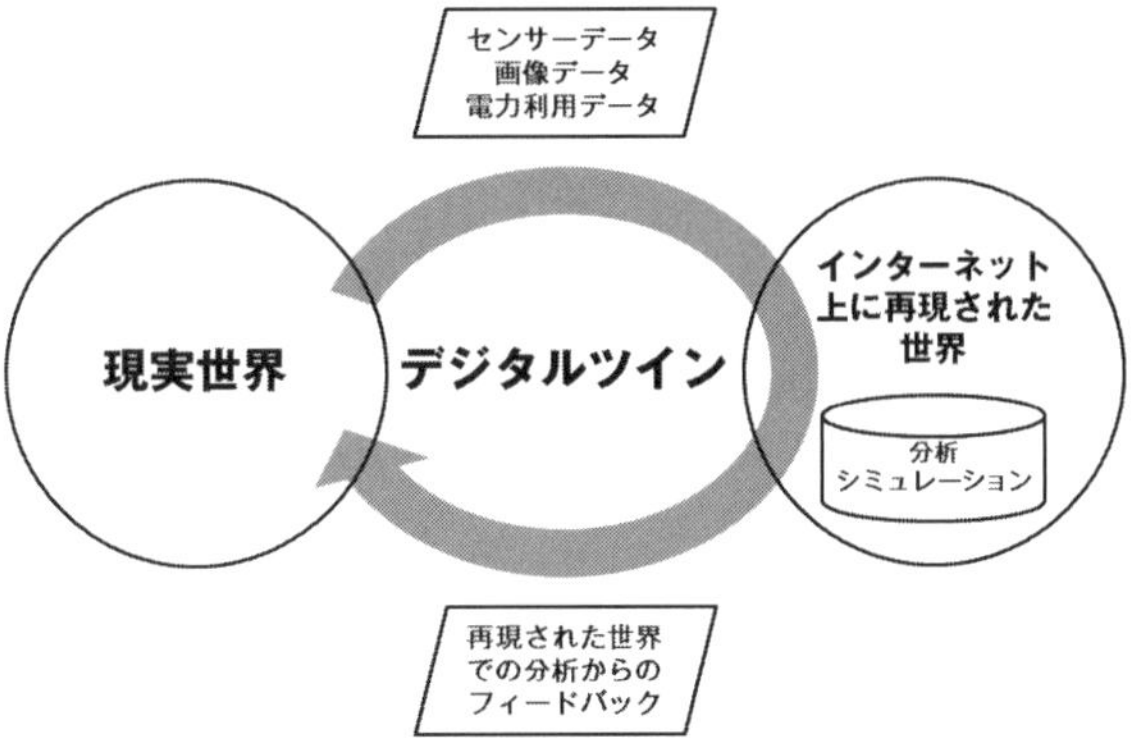

センサーやIoT機器、カメラなどで現実世界の情報を大量に収集し、
現実世界と同じ状況をインターネット空間に再現し、分析を実施

る人が、スマートフォンでYoutubeを観ていることだってある。私たちは、「気味の悪さ」がつきまとうインターネットを受け入れた。インターネットが与えてくれる便利さや楽しさが「気味の悪さ」を凌駕《りょうが》した。

　これから先の未来も、おそらく同じ道筋をたどることになる。現実世界のあらゆる情報が集められるおかげで、私たちの生活は今よりも便利に、快適になる。「気味の悪い」感覚は徐々に薄れていき、私たちは、生活のあらゆる情報が収集される社会を「当たり前」と受け入れていく。

デジタルツイン――予測の時代へ

　最近のビジネスキーワードのひとつ「デジタルツイン」。「ツイン」とは「双子」の意味だ。そのため、

「デジタルな双子」と訳されることが多い。「デジタルツイン」とは、センサーやＩｏＴ機器、カメラなどで現実世界の情報を大量に収集し、現実世界と同じ状況をインターネット空間に再現することを指す造語だ。

再現されたインターネット空間で、さまざまなシミュレーションを行うことができる。そこから得られた結果を参考に、現実世界のビジネスや生活に役立てていく。例えば、ある新製品を設計する場合、将来起こり得る故障は気がかりだ。「デジタルツイン」の環境で、使い続けて数年後に起こりやすい故障を予測し、事前に設計に反映することができる。別の例では、街の交通情報や天候情報から週末の渋滞エリアを予測し、３パターンの対応方法の中で、どれが一番有効であるかをパソコン画面で事前に検討できる。これまでであれば、「起こってからしかわからなかったこと」が事前に予測でき、対策が取れる。

ハリウッドの大スターであるトム・クルーズが主演し、２００２年に放映され大ヒットした映画『マイノリティレポート』。何度かテレビで再放送されているので、ご覧になられた読者の皆様も多いだろう。映画では２０５４年の世界が描かれている。自動運転の車、完全オートメーションの工場、瞳でのドアの開閉認証、人を乗せて空を飛ぶドローンなどのシーンが印象的だ。主人公は、犯罪予防局に勤務している。犯罪を未然に防ぐための組織だ。

さまざまなテクノロジーによって、未来に発生する殺人犯罪が予測され、犯行の発生前に犯罪予備群（犯罪を起こす予定だった人）を逮捕するのがミッションだ。私たちが迎える未来は、この映画に似ていく。人々は、「再現された世界」の未来の出来事を信用し、「現実世界」を変えていく。いつのまにか「現実世界」よりもインターネット上に「再現された世界」のほうを重要視するようになる。「現実世界」で起こった結果から情報を集めて人が何か判断するだけでなく、「再現された世界」から機械が常に人の行動を予測し、先周りする時代になる。私たちは、好むとも好まざるとも機械に将来を予測される「予測の時代」を生きることになる。

情報が持つ3つの経済特性

情報の担い手に機械が加わり、質と量が変わるということは、もちろんビジネスにも大きな影響をもたらす。ビジネスモデルを変えるほどのインパクトがある。この変化に目を背《そむ》けず、むしろチャンスと捉え、自社のビジネスに活かしていくことが大切だ。既に、いち早くこの変化の兆しに気付いた企業は、これまで分散されていたＩＴ部や事業開発部などの部署を統合し、デジタルを中心に据《す》えた事業部を立ち上げ始めている。今まさに、デジタルを起点に全産業でビジネスモデルが再構築されるようなタイミングといえるだろう。

ビジネスチャンスを見定めていくには、まず「情報」についての理解を深める必要がある。

そもそも情報は、「どのような特性があるのか?」、「ビジネス面で活用していくには、どこに注意を払う必要があるのだろうか?」。

ここで、モノやサービスとは異なる「情報固有の特性」について確認してみよう。一橋大学名誉教授の野口悠紀雄氏が1970年代に発表した著書『情報の経済論』、カール・シュピロ、ハル・ヴァリアンの両氏が1990年代後半に執筆した『情報経済の鉄則』がとても参考になる。野口氏は、インターネットやブロックチェーンのビジネス領域での可能性をいち早く予測した経済学者だ。1970年というパソコンもインターネットも存在しない時代に「情報の経済価値」について深く考察し、書籍にまとめている。

情報の特性として次の3つを紹介する。

①限界費用ゼロ(コストをかけずに、いくらでも複製が可能)

情報の特性として、まず挙げられるのは、無尽蔵に「複製が可能」という点だ。例えば、行列ができるほどおいしいラーメンの、秘伝のレシピの考案者がいたとしよう。彼は、ラーメン屋を開業したいAさんに対価をもらってレシピを教えたのちに、複製した情報を使ってBさん、Cさん、Dさんからも同じように対価をもらい、レシピを教えることができる。これに対して、モノやサービスは提供すると同時に消費される。もう一度、他の人に同じモノやサービスを提

情報が持つ３つの経済特性

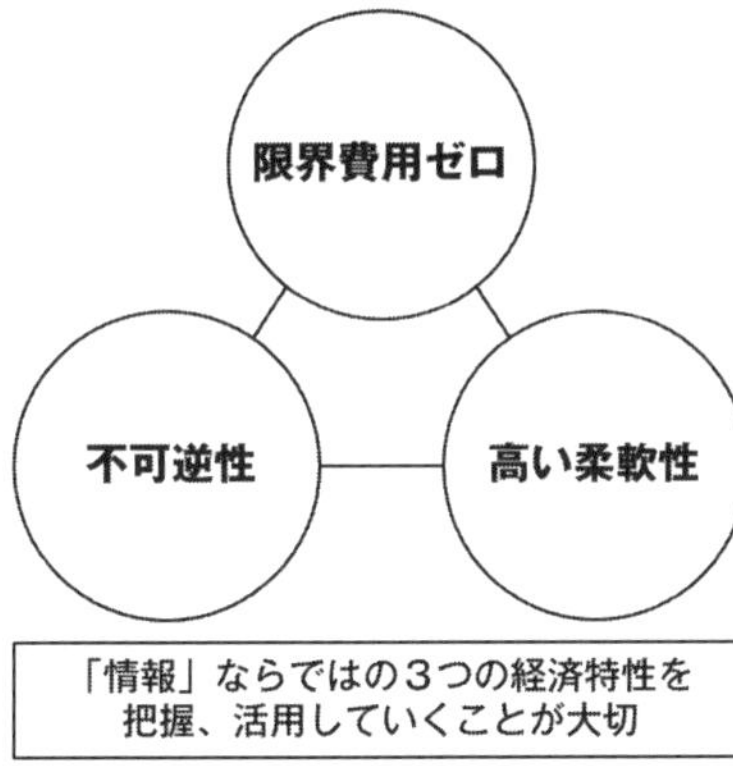
限界費用ゼロ
不可逆性
高い柔軟性
「情報」ならではの３つの経済特性を
把握、活用していくことが大切

供する場合は、製造したりサービス提供に時間を使ったりしなくてはいけない。秘伝のレシピの完成までは、時間と労力が必要だが、一度出来上がった価値ある情報の複製は容易だ。複製にかかる費用は限りなくゼロに近い。

②不可逆性（一度伝えた情報は、忘れてもらうことが難しい）

２つ目の特性として、情報は、一度相手に提供すると以前の状況に戻すことができない「不可逆性」が挙げられる。先ほどの例でいえば、一度教えた秘伝のレシピを「忘れてください！」と言っても難しい。洋服や自動車などのモノであれば返してもらえるし、散髪などのサービスであれば、いずれ髪が伸びるので来店してくれる。しかし、情報は相手が記憶してしまうと、タイムマシンでも使わない限りは、提供する前の状態に戻すことは非常に難しい。

③高い柔軟性（多様な商品設計が可能）

３つ目の特性は、情報の「高い柔軟性」だ。情報は、活用時にあらゆる形への変換が可能だ。先ほどのラーメンの例でいえば、秘伝のレシピは、レシピをAさん、Bさん、Cさんに販売することで、レシピ情報収益を何度も上げられる。レシピの提供の仕方も全部を提供することも一部を提供することもできる。それ以外にも、レシピをベースに自らラーメン屋を開いてお金を稼ぐこともできるし、コンビニとコラボ商品をつくることも可能だ。情報の高い柔軟性を活用して、複数の形でのビジネスを行うことができる。

レシピを販売するか、ラーメン店を自ら開店するのか、はたまた両方をするかは、状況次第だが、情報自体の管理がとても大切になってくる。同じ情報を複数の人が持っている場合と、自分ひとりで独占している場合では、そこから得られる経済的メリットが大きく変わる。ラーメンのレシピという情報を、自分だけのものにしておくか、たくさんの人に知らせるかによって、ラーメン屋の繁盛ぶりは変わる。柔軟性を考慮し、最適な商品設計をすれば、非常に高い粗利率を出し続けることができる。

情報という財は、限界費用ゼロ、不可逆性、高い柔軟性という３つの経済特性を持つ。この

3つを理解したうえでビジネスモデルを設計していくことが重要だ。

Googleを成功へと導いたビジネスモデル

今となっては信じられない話だが、Googleは創業当初の1998年から2000年ごろまで、収益源が少なく赤字続きだった。検索エンジンの技術力は非常に高く評価されていたが、会社を運営する資金が尽きて、そのうち潰《つぶ》れてしまうと噂されていたほどだ。事実、同じようなインターネット検索サービス事業者は収益化に苦戦し、市場から次々と退場していった。しかし、Googleは、「検索エンジン広告」という新しいビジネスモデルを採用し、急成長を遂げる。キーマンとなったのは、先ほど紹介した『情報経済の鉄則』の執筆者のひとりであるハル・ヴァリアン氏だ。同氏は、Googleの収益源となる広告モデルの導入に大きく貢献した。現在もGoogleの300人以上の経済学の専門家を牽引《けんいん》し、年1万件以上の実証実験を先導している。

Googleの、この20年間の大成功は必然だったといえる。なぜなら「情報の経済特性」をしっかりと理解し、ビジネスでの活用方法を熟知しているハル・ヴァリアン氏を仲間に加えていたからだ。Googleの成功と他の検索エンジン会社の衰退から学べることは、「情報」を使って

Google
Apple
Facebook
Amazon

GAFA：ビジネスをどんどん拡大していることへの
称賛と予想を超えた力が、この４社に
集約されることへの困惑から生まれた造語

ビジネスを進めていくには、「情報を扱う技術力を磨くこと（検索エンジンの精度を向上させること）」だけでは片手落ちであり、「特性を理解したビジネスモデルを設計すること（検索エンジン広告ビジネスを展開すること）」が大切ということだ。

GAFAの次なる野望、GDPR、情報銀行

最近、新聞やビジネス誌で見かける「GAFA（ガーファ）」という用語。「Google」、「Apple」「Facebook」、「Amazon」の4社がビジネスをどんどん拡大していることへの称賛と予想を超えた力が、この4社に集約されることへの困惑から生まれた造語だ。

インターネット上の情報収集に飽き足らず、GAFAは、「現実世界」からの情報収集に着手し始め

GoogleやAmazonは「現実世界」の
情報収集の起点としてAIスピーカーを展開
世界では既に5000万台以上普及

ている。その先導に立っているもののひとつがＡＩスピーカーだ。ＡＩスピーカーは既に世界中で５０００万台が稼働している。

我が家にもGoogle製とAmazon製の2種類のＡＩスピーカーがあるが、非常に便利だ。一度使いだすと手放せない。なぜなら、話しかけるだけで、お気に入りの音楽を流してくれたり、アラームで時間を教えてくれたり、照明をつけてくれたりと生活が快適になるからだ。筆者がＡＩスピーカーに話しかけるたびに、筆者の好みや行動情報が収集されている。

ＡＩスピーカーから集めた情報を、これまでに収集した情報（Googleならカレンダーや Gmail、Amazonなら購入履歴など）と掛け合わせて新しいサービスを打ち出してくる日もそう遠くない。

ＧＡＦＡが、こうして「現実世界」の情報を集めまくっていることに対して、各国政府は警戒している。これから

GDPR　EU 一般データ保護規則

GDPR
EU一般データ保護規則
EUにおける個人データ保護
に関する法律
2016年4月に制定
2018年5月25日に施行
企業が個人データを処理
および管理する方法を規制

※General Deta Protection Regulationの略

出典：https://publications.europa.eu/en/home

情報銀行のイメージ

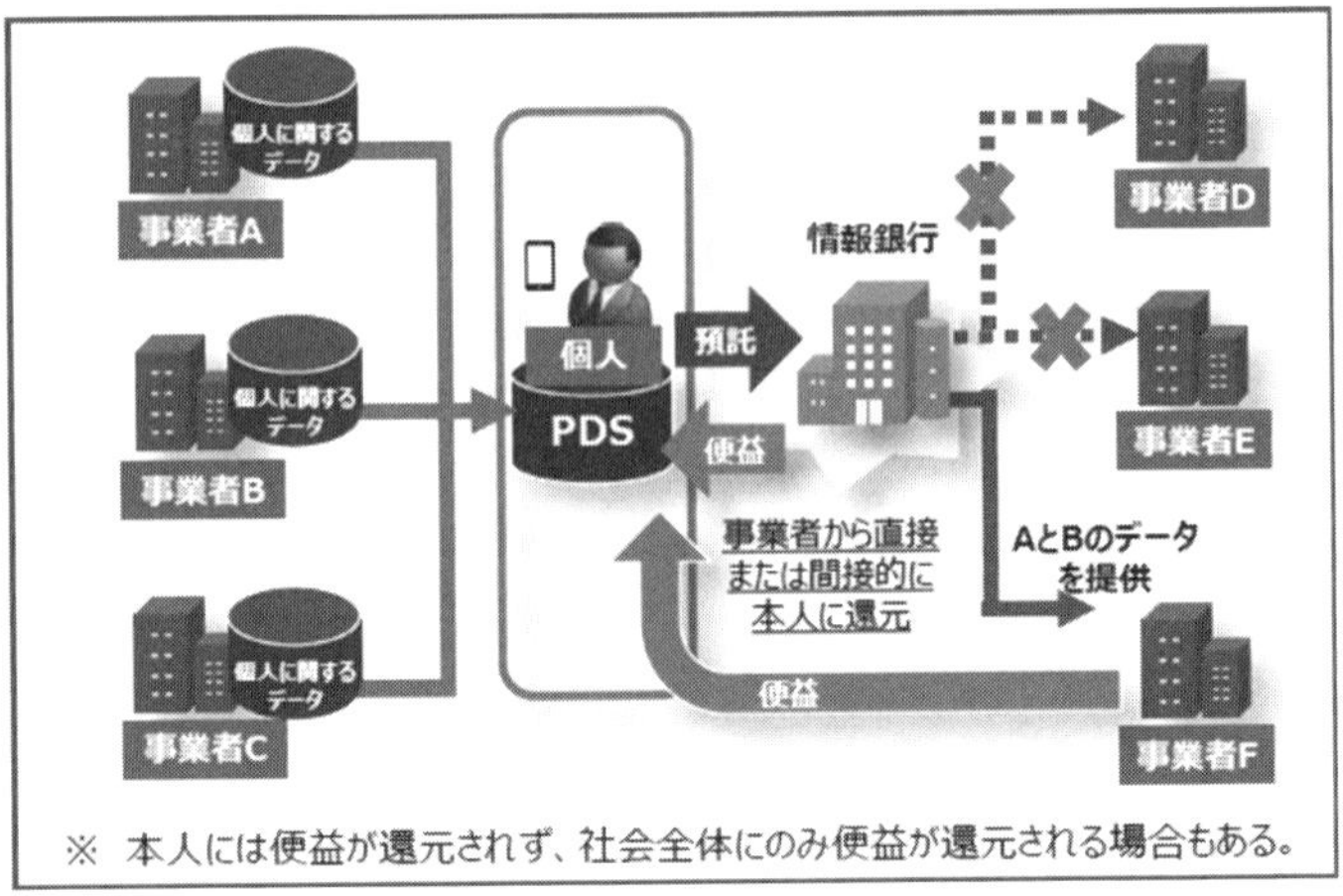

出典：経済産業省「情報信託機能の認定に係る指針ver1.0」

生まれる新しいビジネスマーケットを独占されるわけにはいかないと、各国は自国の強みを活かした方針を立てている。ＥＵ（欧州連合）では、これまでのデータ保護指令から２０１８年に一般データ保護規則ＧＤＰＲ（General Data Protection Regulation の略）を発行。個人データの保護強化と、個人が自らのデータを管理・利活用できることを促進する方向に法律を改正した。日本でも同様に、総務省が情報銀行という取り組みを始めた。個人が自分の情報を預けて、それを自分のために活用できる仕組みだ。

再びスタートラインを迎える情報ビジネス

「現実世界」の情報収集方法、活用方法、収益化については、未だ成功モデルは確立されていない。各社が模索中であり、一斉にスタートラインに立っている状態といえる。

実は、日本企業にもチャンスがある。普段の生活の中から情報を集めるセンサーテクノロジーやＩｏＴ機器は、日本企業の競争力がある分野だからだ。例えば、世界のセンサー種類別の日本企業シェアは非常に大きい。温度、光度、位置などの分野では、世界の40～70％近いシェアを占めるものもある。こうしたＩｏＴデバイスの分野で日本の高いシェアを活かし、市場を拡大していく可能性が見えている。

世界のセンサー種類別　日系シェア

種別	シェア（金額ベース）
全体	47%
温度センサー	72%
光度センサー	67%
位置センサー	37%
音・超音波センサー	36%
慣性力センサー	33%
圧力センサー	29%
磁界センサー	22%

センサー種類別の日本企業シェアは非常に大きい
温度、光度、位置などの分野では
世界の40〜70%近いシェアを占めるものも

筆者は、日本のエネルギー業界も非常に大きな役割を担っていると考える。なぜならば、「現実世界」のなかで、エネルギー業界がリーチできる情報は、利用価値の高いもののひとつだからだ。例えば、ある人が電気やガスをどれだけ利用したかという情報もそのひとつだ。人が朝起きてからの行動を取り上げれば、「トイレを使う」、「シャワーを浴びる」、「お湯を沸かしてコーヒーを入れる」といった一連の動作の中に、エネルギー（電気やガス）のスイッチをON・OFFが含まれている。このエネルギーのON・OFFの情報こそ、人の暮らし、行動そのものを表した情報だ。

テクノロジーの進化によって、エネルギー利用情報が自動的にかつ大量にデジタル化される未来で、エネルギー業界は、これまでにないビジネスチャンスを迎えるだろう。第2章では、エネルギー利用情報を使った新たなビジネスの可能性について、具体的に考える。

第2章

エネルギー利用情報が持つ大きな可能性

エネルギー×AIソリューション開発

ここ数年で、エネルギー業界での情報を活用する動きは既に活発化している。特にエネルギーを生み出す、または送り出す現場における「現実世界」の情報は、年々精度が上がり、その活用範囲を広げている。発電所や送電網などの施設は、センサー、IoT機器、カメラを設置し、情報を収集している。集めた情報をクラウドコンピューターに集約し、AIなどで分析する。そうすることで、運用の効率化や予防、故障検知などに役立てている。

例えば、関西電力は、ゲーム会社として急成長したDeNAと協力して、火力発電所の燃料運用最適化にAIを活用する実証を開始した。この実証で、燃料運用のスケジューリング作業の自動化を目指している。具体的には、膨大な組合せの中から最適なものを探索するAIソリューションを開発し、短時間で燃料運用のスケジュールを自動作成する。同社は、経験の浅い技術者でも容易に扱うことができる燃料運用最適化システムの開発に目途が立ったと発表している。

太陽光発電や風力発電などの再生可能エネルギーの分野でも、発電場所の選定や発電後の効率的な運用に、天候データや近隣の発電所の発電実績などを活用している。そのほかには、災害で故障した電柱や計器の状況把握に、センサーやカメラを活用し、早期復旧をめざす取り組

これまで集められていた情報

・ホームページの閲覧履歴
・商品やサービスの購入履歴
・年収や貯蓄額
・家族構成、年齢、趣味などの属性情報

これまで集められていなかった情報
※集めるのが難しかった情報

・普段の暮らし状況
何時ごろ起きて、何時ごろ寝ているか？
食事は何時ごろか？
・各種製品の利用状況
いつ家電製品を使っているか？
どれくらいの頻度で使っているか？

みも進んでいる。

情報の活用による発電・送電施設の運営コストの削減は、家庭や企業に販売するエネルギーコストの低減につながる。情報の有効な活用方法であり、これからも一層の活用が望まれる。

もうひとつのビジネスチャンス

筆者がエネルギー業界において、もうひとつの大きなビジネスチャンスとして注目するのは、家庭や企業での電気やガスなどの利用情報を活用した分野だ。エネルギー利用情報は、これから「現実世界」で集められる情報の中で、人の生活そのものを映し出すという重要な役割を担う。これまでインターネットの普及とともに集められてきた情報は、ホームページの閲覧履歴やショッピングサイトでの購入履歴、年収、貯蓄額など、人の特定の行動履歴や属性情報が中心であった。対してエネルギー利用情報は、これまでなかなか実態が把握できていなかった「人やモノの普段の行動情報」へとつながっている。つまり、非常に利用価値の高い情報であり、宝の山なのだ。

かつての1500倍となったエネルギー利用情報

これまでのエネルギー業界において、電気やガスの利用情報は、「使用量を計算して、請求書を発行するための情報」と考えられていた。非常に大まかな単位で管理されていたからである。読者の皆様も月に一度、検針員（家庭などに訪問し、電気の利用量を目視で確認する人）が電気やガスの利用量を確認し、記録しているのを見かけたことがあるだろう。確かに、毎月の世帯ごとの利用情報から得られるヒントは限られている。

そんなエネルギー利用情報の価値をがらりと変えたのは、2015年ごろに登場したスマートメーターだ。この新しい機械の出現によって、エネルギー利用情報は格段に細かく、しかも素早く把握することが可能となった。スマートメーターは、各家庭やビルなどの30分ごとの利用データを電力会社に自動的に送信する。1日の計測は48回（1時間に2回）、1カ月で約1500回。月に一度計測していた時代と比べれば、実に1500倍の詳細な電力利用データが蓄積されていく。30分ごとの利用データを活用することで、家庭であれば、「Aさんの家は、普段は何時ごろ起きて、何時ごろ寝ているか?　昨日は昼間に人がいたかどうか?」がわかる。

ディスアグリゲーション技術の進化

「1カ月単位から30分単位になったのは、ずいぶんデータが細かくなったとはいえるが、まだまだ粒度が粗いですよね。情報としての活用方法は限定的なのでは?」との指摘もある。確かに30分ごとのデータからわかることは限られている。そこに登場したのが「ディスアグリゲーション技術」だ。「ディスアグリゲーション技術」は、30分ごとのデータをさらに細分化してくれる。

「ディスアグリゲーション技術」の方法としては、大きく2つある。ひとつは、スマートメーターから集めた30分単位のデータを活用する方法。もうひとつは、名刺サイズの小さな装置を家庭やオフィスに1台設置し、秒単位の電力利用状況を取得し活用する方法だ。

両方とも集めた電力利用データの「波形」を利用する。家電製品は、洗濯機やドライヤーなどの種類によって電流の流れ方が異なる。つまり、秒単位での電力利用の「波形」に特徴がある。ひとつの電力利用データの「波形」を家電製品別に分けていく。そうすることで、家庭やオフィ

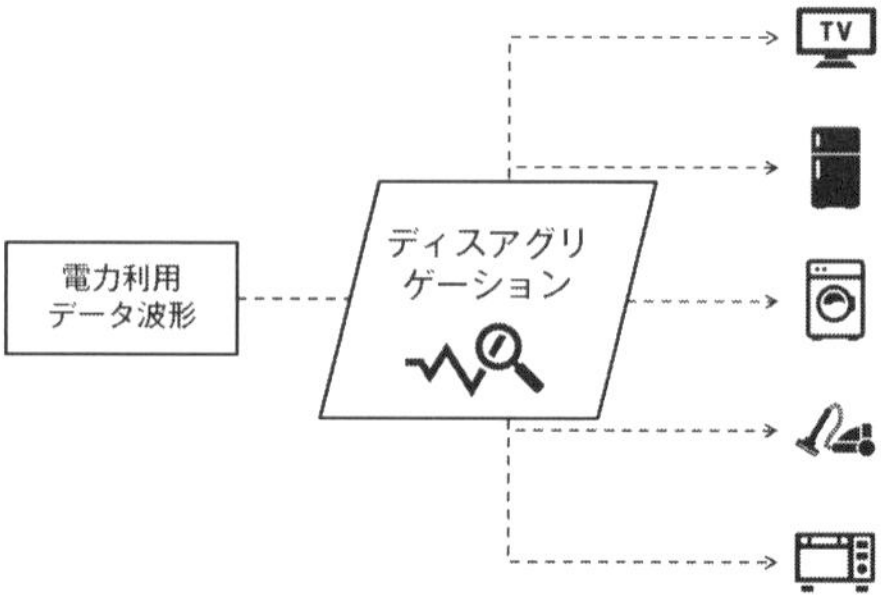

ディスアグリゲーション技術によって、
ひとつの電力利用データの波形を分析し、
どの家電が、いつ利用されているかがわかる

スの中で、どの家電製品が、いつ利用されているかを分単位や秒単位で把握することができる。家庭の冷蔵庫や洗濯機、給湯器などが「いつ、どれだけ利用されているか」を解析してくれるのだ。細かく見ていけば、我が家で「何時何分に洗濯機のスイッチを押したか」さえもわかってしまう。

外出中に、自宅で、どの家電製品が使われているかが確認できると便利だ。スマートフォンを見ながら、「小学4年生の息子が学校から帰宅したな。電子レンジを使って、おやつのどら焼きを温めているようだ。おやっ、宿題せずにリビングでテレビを見ているな。ちょっとスマートフォンでメッセージを送ろうかな」と日々の生活に役立てることができる。

企業ならオフィスや工場の中で、どのフロアや部署が「いつ、どれだけ電力やガスを利用しているか」が把握できる。省エネはもちろん、業務の効率化や働き方改革

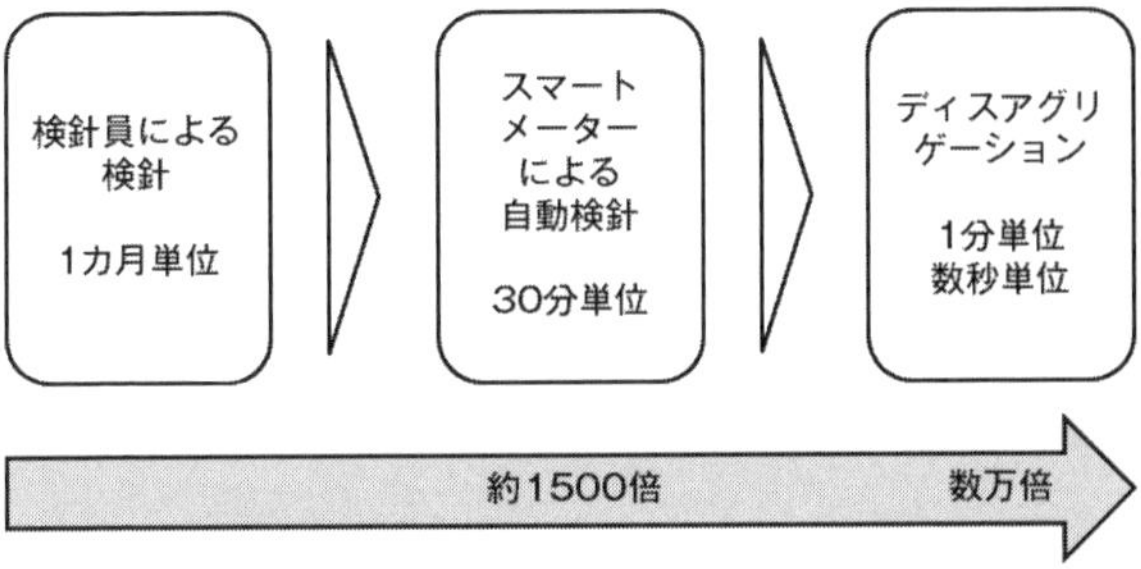

エネルギー利用情報は「スマートメーター」、
「ディスアグリゲーション」により、10年前から数千倍、
数万倍以上の細かさで把握できるようになった

などにも活用できる。ディスアグリゲーション技術の向上によって、エネルギー利用情報は、「秒単位」、「家電単位」で把握できるようになり、活用方法が広がりつつある。

外出中の行動データも集まる時代に

人の室内の行動だけではない。将来的には、外での人やモノの活動状況の把握にもエネルギー利用情報が活用される。

今後、太陽光発電を中心とした分散型発電が、さらに普及することで、あらゆるところでエネルギーが作られる。驚くことに、既に透明な太陽光パネルが開発されている。コスト面や安全面がクリアされれば、建物や自動車などのすべての窓が太陽光パネルで電気を発電する日が来るだろう。あらゆる場所で発電された電気は、蓄電池や電気自動車に蓄えられ、さまざまな場所に運ばれる。街のあちこち

に点在するエネルギー源は、センサーやＩｏＴ機器、通信ネットワークによってリアルタイムに所在地が管理され、利用できるようになる。

近い将来、私たちは、スマートフォンやスマートウォッチ、スマートグラス（眼鏡《めがね》）など複数のＩｏＴデバイスを身に着ける。ＩｏＴデバイスが増えれば増えるほど、自宅で充電したり、モバイルバッテリーを持ち歩くことに不便を感じるようになるのは必然だ。おそらく２０２０年代後半には、外出中に街中の充電スポットから無線で充電するようになり、その利用データが自動的に収集される。人だけではない。空を飛ぶドローンや自動で街中を移動する自動運転の車、ロボットも外で充電する時代になる。つまり、エネルギー利用情報を起点に、外での人やモノの行動データがどんどん集まっていく。

２つの異なる価値

ＩｏＴ家電やスマートメーターなどから集められる膨大なエネルギー利用情報は、「リアルタイムデータ」と「ストックデータ」の２種類に分けることができる。リアルタイムデータは、毎秒ごとに変化するフローデータであり、ストックデータは、文字通り蓄積されていくデータである。この２種類は、その利用方法や価値を生む対象が大きく異なる。

出典：https://www.prototekton-web.com/home

まず、既に現在でも活用が盛んに行われている家電や、自宅のリアルタイムデータは、その家庭の人々の生活に直接、役立つ。例えば、宅内の家電利用状況のリアルタイムデータは、子供や親、ペットの見守りで活用されている。室温のリアルタイムデータは、空調などの家電制御や宅配事業者への不在情報共有などに役立つ。既に多くの実用的な取り組みが行われている。東京大学大学院情報学環・学際情報学府の越塚登研究室、同大大学院工学系研究科の田中謙司研究室は、「不在配送ゼロ化ＡＩプロジェクト」において、開発した配送ルーティングエンジンによる配送試験を行い、98％の配送成功率を得たことを発表した。これは、宅配における不在配送を9割以上削減することに相当し、非常に有効といえる。リアルタイムデータを活用したサービスは、今後もますます増えていく。

「リアルタイムデータ」と「ストックデータ」

データ種類	利用者（例）	データの利用方法（例）
リアルタイムデータ	家に暮らす住人	見守り支援（子供・親・ペット） 家電制御（外出先などから） 在宅情報の共有（宅配など）
ストックデータ	中古品購入者 製造メーカー	中古品の精緻な利用情報確認 商品の利用・故障情報確認 新たなビジネスモデルの参考

循環型社会の実現を促進する「ストックデータ」

一方のストックデータは、家電や住居などの「これまで」を集めたデータである。IoT化された家電は、いつ使用されたかというリアルタイムデータと同時に、これまでに何回、どのくらいの頻度で使用されたかというストックデータが蓄積される。

ストックデータは、いわばモノの履歴書だ。家庭内のあらゆるもののIoT化が進みつつある現在は、データをまさに「溜《た》めている」状況だ。そのため活用されたケースはまだ少ないが、このストックデータの増加は、ひとつのモノが人から人へと活用され続ける循環型社会の実現を促進する。なぜなら、ストックデータが示す家電の正確な利用回数から、家電の故障や不具合が起こる時期を精緻《せいち》に予測することが可能となるからだ。

例えば、メーカーは、ユーザーに対して「そろそろ洗濯機の利用が3000回を超えるから、故障する前に新製品に買い替えませんか？

今なら、〇〇円お得ですよ」と言った説得力のある買い替え提案ができ、他社製品を購入してしまうのを未然に防ぐことができる。加えて、製品の利用データから、どのような使い方、利用頻度が故障を誘引するかもわかる。より耐久性に優れた製品を生み出すことに大いに役立つ。

現在、ネットオークションなどに出品されている中古家電は、目に見える傷以外の使用状態はわからない。型番や製造年を基に値段が決められるケースがほとんどだ。同じ型番・製造年の掃除機でも、これまでの使われた回数や頻度から、この先どのくらい使えるかを予想して価格が設定されれば「正当な評価額」で購入できる。中古車の査定金額が、自動車の製造年や車種だけでなく、走行距離によって変わることと似ていると考えるとわかりやすい。

家電は、実利を重要視する商品だ。ダイヤモンドや絵画のようなエモーショナルな動機で購入することは少ない。実利を重視する商品は、客観的な数値データが再利用を促進する。ストックデータからこれまでの利用履歴が詳細にわかれば、「中古品」への抵抗感は薄まる。中古市場が活性化する。ストックデータの増加は、ひとつのモノが人から人へと活用され続ける循環型社会の実現を促進する。

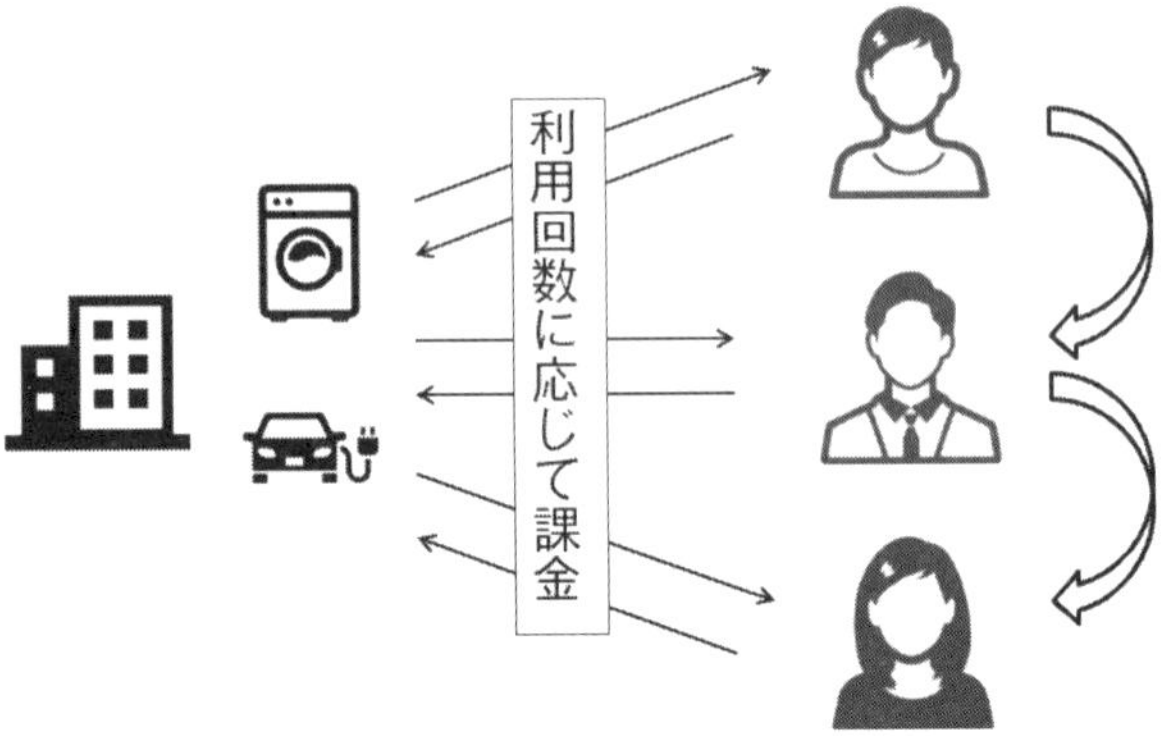

利用時間、回数を正確に計測できることで、家電製品や自動車も利用ごとに課金が可能。製造メーカーは利用されなくなった製品を回収し、ニーズのある別の消費者に提供するビジネスモデルも可能

モノ（手段）からコト（成果）へ

自動車メーカーや家電メーカーは、エネルギー利用情報を自社のビジネスモデルに活用していくだろう。モノの利用回数が本当に正確にわかるようになれば、製品（モノ）を売るのではなく、使う回数（成果）に応じて課金することが可能になるからだ。これまで企業は、ひとつの製品をひとりのユーザーに販売してきた。これからは、ひとつの製品を順々に複数のユーザーに使用してもらう形のビジネスモデルも展開できるようになる。

現在のカーシェアリングサービスを思い出してほしい。利用者は、車（モノ）を所有するよりも、乗りたいときに乗れる経験（コト）に魅力を感じている。出版業界でもこうした「使った分だけ」のビジネスモデルが展開されている。Amazon のキンドルでは、利用者が読んだページ数に応じて、著者にお金を受け取る仕組みなどが導入されている。

家庭やオフィス内のエネルギー利用情報を活用すれば、家電や電気自動車を使用頻度ごとに課金するサービスも考えられる。メーカーとエネルギー企業が協業することで、コト（成果）を販売する新しいビジネスモデルをつくっていける。

新たな収益源の必要性

「確かに、少し興味はある。しかし、我が社の本業はインフラビジネスだ。個人情報を活用した情報ビジネスをやったことはない」というエネルギー企業は多いだろう。電力会社やガス会社から見ると情報を活用したビジネスは、エネルギーを安定的に供給するという主力のインフラビジネスとは毛色が違いすぎる。加えて、膨大な個人情報を取り扱うことはリスクが高い。「できれば、挑戦したくない」という本音が聞こえてくる。しかし、電気・ガスの全面小売り自由化によって、これまでにない競争が進む真っ只中だからこそ、積極的に新しいビジネスチャンスにトライしていくべきだと筆者は考えている。ここでエネルギービジネスを取り巻く近況を共有しよう。

1. 自由化による競争激化

2016年4月からの電力小売り全面自由化、2017年4月からのガス小売り全面自由化により、電気・ガスの小売り販売競争は激化している。例えば、電気の小売りビジネスでは、600社近い企業が新規参入している。各社の積極的なCM展開やPR合戦によって、家庭や企業が電力会社やガス会社を乗り換える「切り替え率」は徐々に増加している。

2. 利益の低減

競争激化は、利益率の低下につながる。シェア獲得のため、利益率を度外視した競争も見受けられる。特にビルや学校、病院などの電力を多く利用する高圧・特別高圧施設では、値引き合戦が熾烈《しれつ》だ。エネルギー企業間の競争激化は、これまでの常識では考えられない料金プランも生み出す。例えば、電気代を定額制にする料金プランだ。海外では、一定使用量まで定額制という電力料金プランが出てきている。日本でも今後、同様の料金プランが出てきてもおかしくない。定額制は、顧客にとっては非常に魅力的であるが、エネルギー企業にとっては、利益の圧迫につながる。

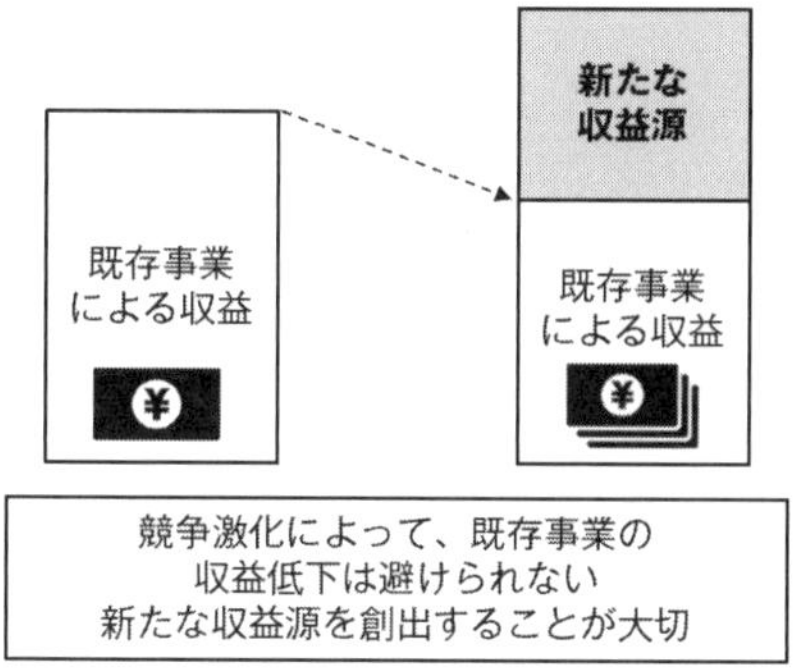
既存事業
による収益
新たな
収益源
既存事業
による収益
競争激化によって、既存事業の
収益低下は避けられない
新たな収益源を創出することが大切

3. 顧客自体の減少

太陽光発電などの分散発電の増加も無視できない。電気を購入する消費者の減少が進んでいる。特に２０１９年以降、ＦＩＴ（固定価格買取制度）が終了する家庭が出現する。ＦＩＴが終了する家庭は、「卒ＦＩＴ（ＦＩＴからの卒業）家庭」と呼ばれている。卒ＦＩＴ家庭は、２０２０年代で２００万世帯以上になる見込みだ。卒ＦＩＴ家庭の一部は、電力会社から電気を購入する代わりに発電した電気を蓄電池に貯めて自宅で利用する。つまり、以前は電力会社から電気を購入してくれていた顧客が、顧客でなくなってしまう。競争の激化による利益率の低下に加えて、顧客自体の減少も進んでいる。

このように、エネルギービジネスは、これまで通り電気やガスを売っているだけでは年々利益が出にくくなりつつある。来年、再来年の会社の状況のみを心配するのであれば、現状維持でよいかもしれない。しかし、大切な社会インフラを担っている会社だからこそ、10年後、20年後も揺るぎない収益を上げなくてはいけない。競争の激化の影響で年々利益率が下がる電気やガスの販売だけに頼り、収益を増やそうと戦略を練っても打ち手に限りがある。

電気やガスを販売しつつ、そこに新しいビジネス領域をどう織り交ぜていくのかを真剣に考えるべき時期が訪れている。いわゆる「ゆでがえる」状態になってからでは遅い。そこで、新たな収益源の候補のひとつとして、「情報・サービス事業」を提案したいと筆者は考える。

Google や Aamzon と戦う未来

ここで追い打ちをかけるようになってしまうが、「彼ら」が既に動き出している。「10年ないし20年後には、Google か Amazon が米国で圧倒的な電力小売り会社になっているだろう。より低コストで、より良いサービスを提供することで、彼らは顧客に支持される」とインタビューで答えたのは、アメリカ大手の電力会社であるＮＲＧエナジーの元ＣＥＯ（最高経営責任者）のデービット・クレーン氏だ。

当然といえば当然である。自社のビジネスに「情報」をフル活用してきた Google や Amazon が、エネルギー利用情報の可能性に気付かないわけがない。既に海外では、Google

やAmazonがエネルギービジネスに参入している。

例えば、Googleは、家庭用監視カメラとサーモスタット製造企業のネストを２０１４年に32億ドルで買収した。Googleは早速、「消費者を巻き込んだ節電プログラム」を２０１７年の「日食」の際に実施した。「日食」中は、太陽が月に隠れてしまい、一定時間暗くなる。「日食」の間は、太陽光発電ができなくなる。急激に太陽光発電が減ると地域の電力量全体のバランスが崩れてしまう。Googleは、ネスト製のサーモスタットを持つ家庭に「日食になる前に部屋を涼しくしておいてください！　日食になったら、電気の利用を減らすために部屋の冷房を少し弱めてください」と呼びかけた。２０１７年の「日食」の際は、この活動に75万人が参加し、エネルギーの消費が７００メガワット減り、電力網の安定化に貢献した。

Amazonは、スマートサーモスタットのメーカーであるエコビーが実施した６１００万ドル規模の資金調達に協力した。サーモスタットから集まるエネルギー利用情報を活用して、新しいサービスを考え出そうとしている。

GoogleやAmazonのこれまでの怒涛《どとう》の成長から考えると、エネルギー利用情報を皮切りに、エネルギービジネス全体に進出してくることは容易に想像できる。日本のエネルギー企業も、「我が社のライバルはGoogleとAmazon」と答えなければいけない日が来るかもしれない。

「掛け合わせ」で高まる利用価値、政府の動向

日本国内はどうかといえば、エネルギー利用情報のうち、特に電力利用データについて、国が後押しする動きが始まっている。経済産業省は、２０１８年秋に「次世代技術を活用した新たな電力プラットフォームの在り方研究会」を立ち上げた。その研究会のなかでも電力利用データの活用について取り上げられている。具体的には、「スマートメーターデータの活用による電力量に時間と場所とを組合せた二次データの創出可能性」、「その他データとの組合せにより、さまざまな活用ニーズの創出可能性」について議論されている。

期待される新たなサービスとしては、

・電力データ × 運輸業 ⇓ 運送効率向上
・電力データ × 建設業・家電メーカー ⇓ スマートホーム
・電力データ × 銀行業 ⇓ なりすまし防止
・電力データ × 保険業 ⇓ 新保険メニュー
・電力データ × リース業・不動産業 ⇓ 不動産価値の新たな評価軸
・電力データ × 流通業・飲食業⇓ 出店計画
・電力データ × 自治体 ⇓ みまもりサービス、空き家対策、防災関係計画

期待されるデータ活用の例

● 電力分野を始め、様々な産業での電力データを活用した新たなサービスや付加価値創出が期待されている。

<期待される新たなサービス創出>

- 電力データ × 運輸業 ⇒ 運送効率向上
- 電力データ × 建設業・家電メーカー ⇒ スマートホーム
- 電力データ × 銀行業 ⇒ なりすまし防止
- 電力データ × 保険業 ⇒ 新保険メニュー
- 電力データ × リース業・不動産業 ⇒ 不動産価値の新たな評価軸
- 電力データ × 流通業・飲食業 ⇒ 出店計画
- 電力データ × 自治体 ⇒ みまもりサービス、空き家対策、防災関係計画
- 電力データ × AI ⇒ 発電・消費電力量予測（精緻化）

出典：経済産業省「次世代技術を活用した新たな電力プラットフォームの在り方研究会」

・電力データ × ＡＩ ⇒発電・消費電力量予測（精緻化）

などが紹介されている。

第1章で紹介した総務省が推進する情報銀行のなかでも、電力利用データが注目されている。情報銀行の実現に向けて平成30年度予算で「情報信託機能活用促進事業の公募」を実施した。応募の中から実証事業として採択された6件のうち2件で電力利用データの活用が検討されている。

電力利用データを活用する2つの事業プランは、とても興味深い。情報銀行の立ち位置を日立製作所が担う事業には、エネルギー関連としてインフォメティスが参加している。インフォメティスは、電力利用データのディスアグリゲーション技術を要する企業で、東京電力パワーグリッドと共同で「エナジー

ゲートウェイ」という企業を設立している（第3章で詳述）。インフォメティスは、実証事業に参加する２００名の家庭に電力センサーを設置。データを収集・分析し、家電ごとの電力使用状況やライフパターンの分析結果を提供する。集められたデータを活用する企業としては、東京海上日動火災保険や日本郵便、インターネット広告会社のＤＡＣ（デジタル・アドバタイジング・コンソーシアム）が参加。各社、家電向け保険・サービス開発の可能性、再配達の削減につながる宅配ルート設計の可能性、個人の関心に合ったウェブ広告配信の可能性を検証する。実証には、２００名の日立製作所の社員が参加する予定だ。

もうひとつの情報銀行事業は、中部電力と大日本印刷が担当する。事業には、企業とともに愛知県豊田市なども参加。地域型情報銀行というコンセプトで、情報の地産地消による生活支援事業を目指している。具体的には、４００名の生活者のパーソナルデータ（会員情報や行政データなど）および日常の生活データ（体重などの身体情報や家庭内の電力使用量などのセンサーデータ）を地域型情報銀行が集約・管理。集めたデータをセキュリティに配慮しながら地域内で流通させることで、地域サービスの効率化・高度化を実現し、生活者の日常生活の不便を解消するとともに地域内の消費活性化を図る。例えば、防災や見守り、地元スーパーの販促、商品開発への活用だ。

経済産業省や総務省の取り組みで注目するべきは、さまざまな角度からの個人情報を「掛け

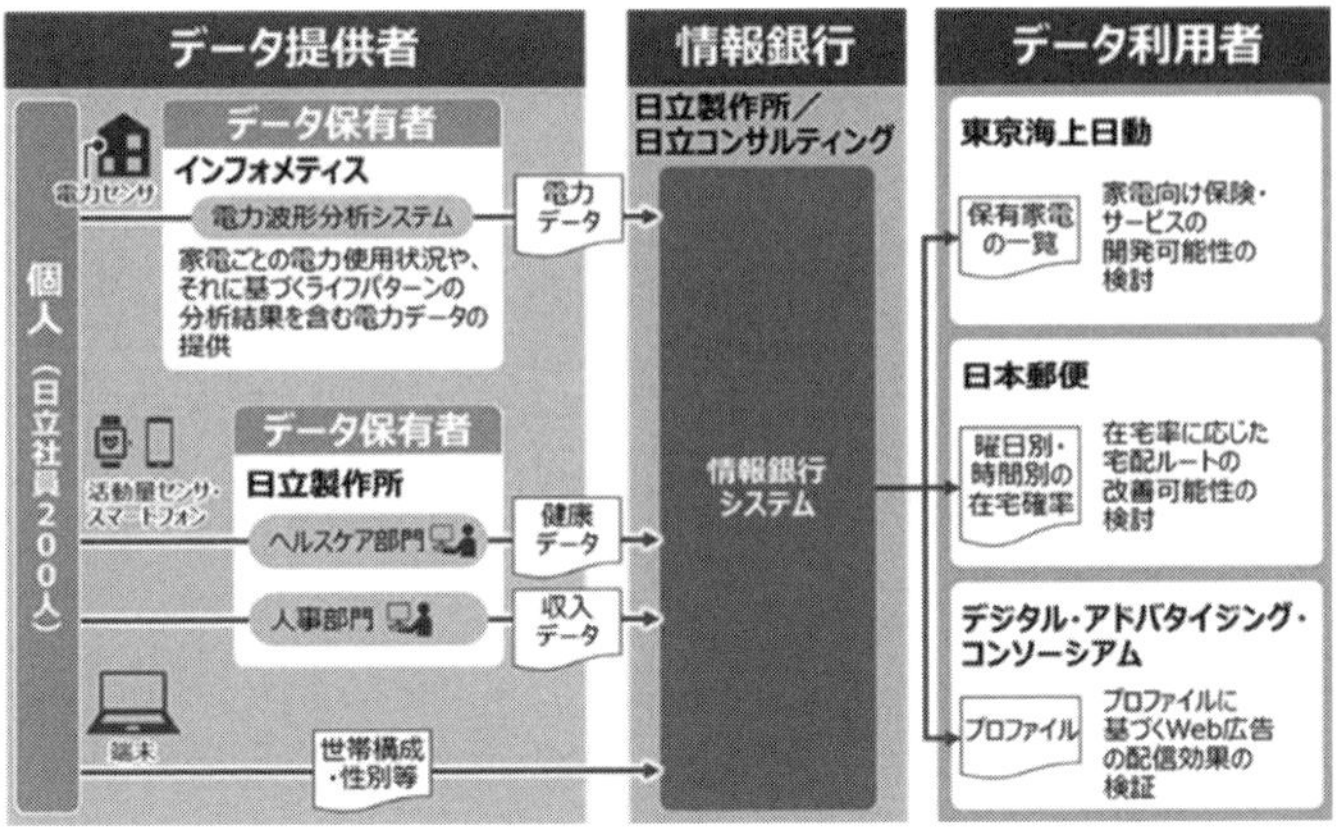

出典：総務省「平成30年度予算　情報信託機能活用促進事業」

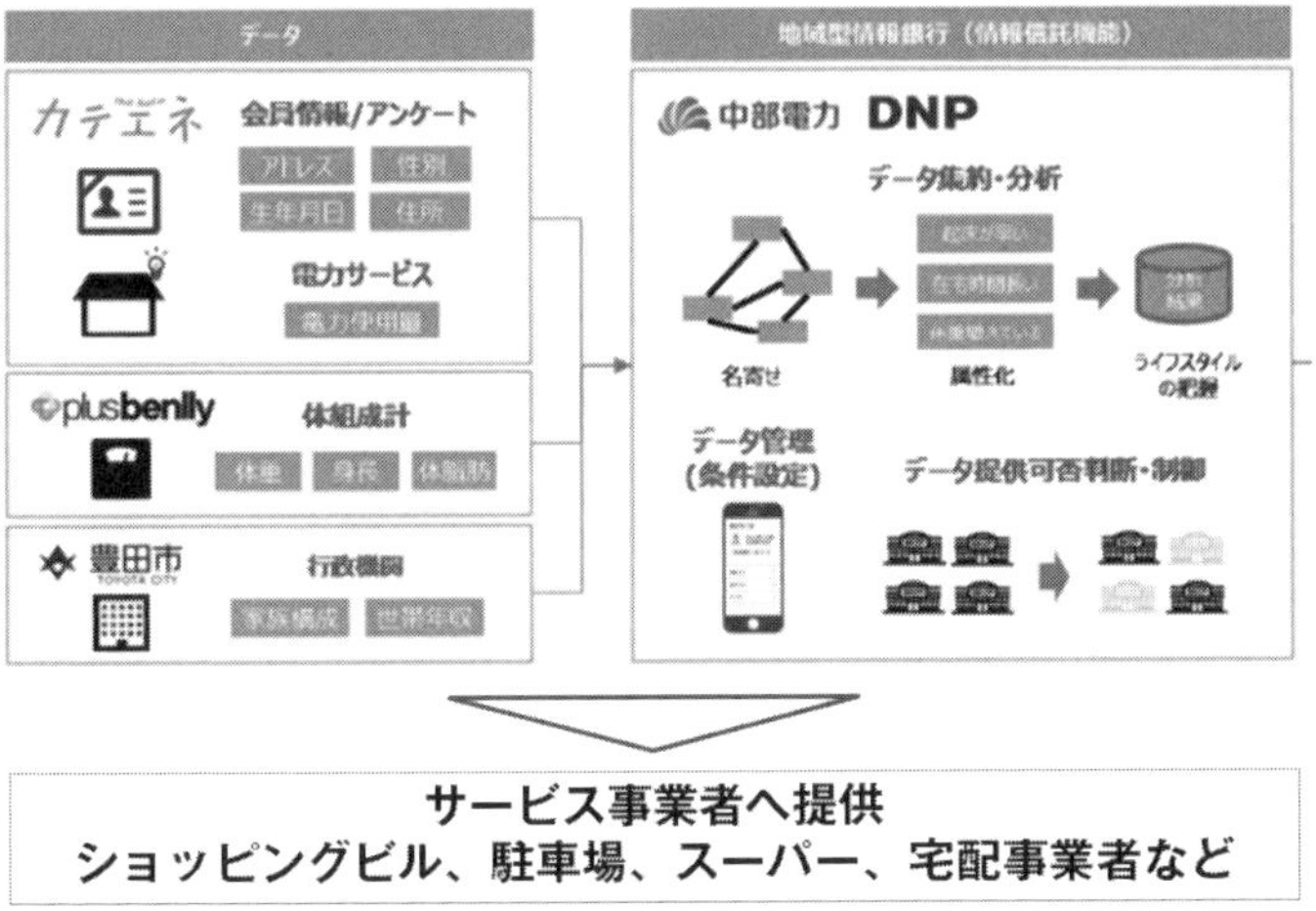

出典：総務省「平成30年度予算　情報信託機能活用促進事業」

合わせている」点だ。電力利用データを体重計やリストバンドなどから得られる健康データ、家族構成や年齢、働き方などの属性データ、本人アンケート結果、世帯年収などと掛け合わせている。将来的には、ＡＩスピーカーから集められた音声データも活用される。

情報を掛け合わせれば掛け合わせるほど、人やモノの実態が把握できる。エネルギー利用情報をさまざまなデータと「掛け合わせる」ことで、価値がより高まり、活用範囲が広がっていく。

地域課題の解決に貢献し、永続的に繁栄する企業へ

エネルギー利用情報の活用は、ビジネスとしての魅力だけに留《とど》まらない。社会課題の解決にもつながる側面を持っていることを付け加えたい。

ご存知のように日本は、人口減と地域の過疎化、高齢化といった課題が絡み合いながら進行している。その一方で、前回の東京オリンピック（１９６４年）が開催された高度経済成長時代、道路や公共施設、ビル、ホテルなどが建設されたが、その多くがリニューアルの時期を迎えている。しかし、特に人口減が進む地域では、リニューアル工事費用や、その後の運営維持コストへの不安からリニューアルになかなか踏みきれない場合がある。とはいえ、古くなった施設のリニューアルは、安全面からも地域住民に望まれている。

もし、リニューアルによって施設の年間エネルギーコストを下げることができれば、その後の運営維持費は確実に今よりも抑えられる。期待される運営維持費の削減金額の合計からリニューアル工事費用を捻出《ねんしゅつ》することができる。エネルギーコストの削減方法は、現在の施設から集めたエネルギー利用情報を活用することで、探し出すことができる。エネルギー利用情報は、課題先進国である日本のさまざまな課題解決にも役立つ。

エネルギー利用情報は、「新たな収益の源泉」であるともに、「地域の今を映し出す鑑《かがみ》」として捉えることができる。地域の「現実世界」を把握し、課題解決につながる事業を生み出すことができた企業は、地域住民との強い絆を軸に永続的な繁栄が約束される。

では、具体的には、どのような事業が考えられるのか。

次の章では、実際にエネルギー利用情報を活用した新事業を立ち上げた企業8社を紹介する。各社へのインタビューを通して、どのように挑戦していくのがよいかを考えてみよう。

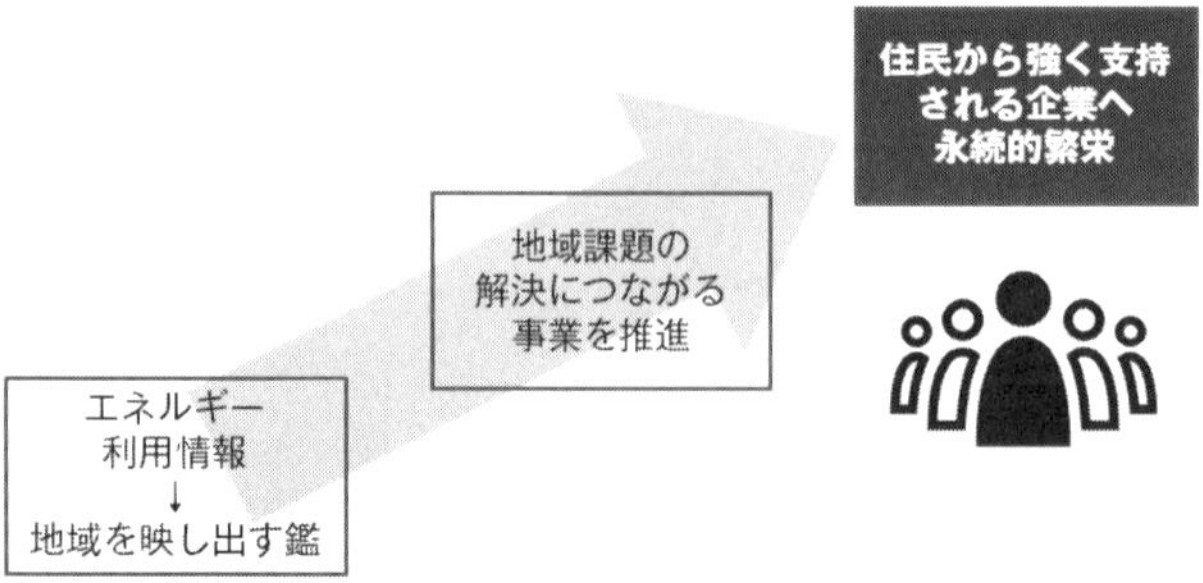
住民から強く支持
される企業へ
永続的繁栄
地域課題の
解決につながる
事業を推進
エネルギー
利用情報
↓
地域を映し出す鑑

エネルギー利用情報は「地域の今を映し出す鑑」
地域の課題解決につながる事業を生み出すことで、
住民から強く支持される企業となり、永続的な繁栄が約束される

地域課題へのエネルギー利用情報の活用例

みまもり	普段より家のスマートメーターのデータを蓄積し、普段と異なる使用パターンになった場合に、事前に登録した連絡先（家族や自治体）に連絡万が一のときに迅速な対応が可能
避難計画	スマートメーターのデータから特定の曜日やイベント日の地域ごとの在宅率や推定在宅人口を把握することで、災害発生時の避難時の課題を洗い出し、避難計画に反映することが可能
空き家	空き家の傾向を把握することにより、地域を絞って防災対策（効率的な見回りなど）や空き家対策（空き家の活用など）が可能
災害時復旧	平常時と災害時のスマートメータデータを比較、分析することにより、停電前後の状況変化や宅内での異常の把握、復旧状況の判定などが可能

参考：経済産業省　次世代技術を活用した新たな電力プラットフォームの在り方研究会

第3章 先進企業8社の事例から学ぶエネルギー情報・サービス産業化

第3章では、エネルギーに関連する「情報（デジタルデータ）」に着目し、いち早く挑戦している国内の8社を紹介する。いずれも、自社の強みを活かしつつ外の力を活用しながら、柔軟な発想で最先端の製品ならびにサービスを展開している。

現在の取り組みは、一朝一夕で出来上がったものではない。新しい事業への挑戦には、「これまで蓄積した知識や経験」と「これまでになかったアイデアやネットワーク」の両方が必要となるからだ。従来のやり方に信頼を置いている「ステークホルダーへの説明」や、積極的に新しいことにチャレンジする「チームメンバーの編成」など、骨の折れるソフト面での調整も多く、簡単な道のりではなかったと思われる。さまざまな社内外の壁を乗り越えた8社の取り組みは、エネルギー情報ビジネスの最前線であり、多くの学びを得られるはずだ。

8社は、電力会社系、ガス会社系、通信会社系、住宅系と業界ごとに大きく4つに分けられる。業界ごとに特徴を見ていこう。

□電力会社系

電力会社系としては、東京電力パワーグリッドとインフォメティスが設立した「エナジーゲートウェイ」と、中部電力とインターネットイニシアティブが設立した「ネコリコ」を紹介する。2社のビジネスモデルは、B to B to Cである。両社は、B to B to Cの中間のBにあたるパートナー企業が顧客であるCに対して、新たな、そしてより魅力ある価値提案ができるよう支援している。

「エナジーゲートウェイ」は、AIを用いたディスアグリゲーション技術（機器分離技術）によって、電力の見える化をより詳細化しようとしている。9種類の家電（2018年11月時点）を識別することができる技術が強みだ。

「ネコリコ」は、温度や湿度など生活環境に関するデータをもとに最適な生活環境の提供に力を入れている。加えて、利用者とIoT機器のやりとりにLINEメッセージを採用しているところも特徴的だ。

□ガス会社系

ガス会社系としては、「東京ガス」、「大阪ガス」を紹介する。両社とも、これまで培った「顧客との対面でのつながり」を強みにして、既存顧客を中心にビジネスを展開している。

東京ガスは、サービス事業を電気、ガス事業に続く3本目の柱として位置づけている。IoTセンサーを活用した鍵の閉め忘れ防止や家族の帰宅確認など、生活における心配事の解消をサポートしている。

大阪ガスは、エネファームのメンテナンスや故障対応が顧客にも同社にも少なからず手間が大きかったところに着目した。ＩｏＴデバイスを組み込んだエネファームの導入により、状態の遠隔モニタリングを可能とすることで大きく負担を軽減することに成功した。スピーディな故障対応が実現し、顧客満足にもつながっている。エネファームのＩｏＴ化で蓄積したデータ活用に関するノウハウの給湯器への横展開も進めている。ＡＩスピーカーやクラウドサーバなどを積極的に採用し、他社とのアライアンスによるサービスの拡充もめざしている。

□通信会社系

通信会社系では、「ＫＤＤＩ」とソフトバンクグループの「エンコアードジャパン」を紹介する。

ＫＤＤＩは、２０１６年４月の家庭向け電力小売自由化にあわせて全国を対象としてエネルギー事業へ参入した。同社が展開する「ａｕでんき」の特徴は、特典とアプリを通じた付帯サービスにある。アプリ開発においては、「徹底した顧客視点と対応のスピード」を重視。アプリでは、スマートメーターデータを活用して前日の電力使用量が見えることに加えて、ＩｏＴ機器を新たに設置することなく家電別の消費内訳も見ることができる。

エンコアードジャパンの強みは、上流から下流までを一気通貫で対応できることだ。これにより、製品・サービスの展開スピードとフレキシビリティを両立している。エンコアードジャパンのＩｏＴサービスの特徴のひとつは、電気に関する情報を収集・利用しつつも、宅内温度や扉の動作など居住者の動線に関するサービスを展開している点だ。ＩｏＴセンサーの多様な組み合わせにより、これまでにない新しいサービスの創出を狙っている。

□住宅メーカー系

住宅メーカー系では、「大和ハウス工業」と「積水化学工業」を紹介する。両社ともに住宅を購入してくれた顧客にフォーカスしてサービスを展開している。

大和ハウス工業は、コネクティッドホームブランドとなる「ダイワコネクト」を発表。これまで得られたノウハウを結集し、ＩｏＴ機器やＡＩアシスタントを活用している。例えば、声でシャッターやカーテンをコントロールできるなど、居住者の暮らしのシーンに応じて有機的に動作する部屋を具現化している。今後は、建物と居住者の健康にフォーカスした機能を追加していく方針だ。

積水化学工業は、住宅そのものの性能向上に加えて、省エネ設備、太陽光発電を搭載し、光熱費収支ゼロ、エネルギー収支ゼロをめざした高性能住宅を展開している。さらに、蓄電池やＶ２Ｈといった蓄電技術を強化し、災害のレジリエンスを高め、昼も夜も電気を自給自足できる住宅をめざしている。

□蓄電池への熱い視線

8社のインタビューの中でも何度か出てきたキーワードが「蓄電池」だ。

今後のビジネス展開において、蓄電池が重要と位置づけている事業者が多かった。蓄電池は太陽光発電の余剰分を蓄えることで、自宅で発電した電気の利用率（自家消費率）を高められる。加えて、将来的に住宅（Aさん宅）から住宅（Bさん宅）への電気の販売が可能となった場合には、蓄電池に貯めた電気を他の家庭に売電し、利益を得ることも可能だ。2019年より卒FITを迎え、本格的に自宅で作った電気の活用を考えなければいけない家庭が増加する。蓄電池を活用した新しいビジネスが生まれる土壌が整いつつある。

□今後のサービス展開

エネルギー情報を活用した今後のサービス展開は、大きく4つの流れに分けられる。

1　簡単・便利なエネルギーマネジメントの実現
2　快適性と省エネを両立した生活空間作りのサポート
3　見守りや健康促進など「安全安心」に関連する付加価値サービス提供
4　潜在的なニーズの発掘及びビジネス化

である。

デジタルデータ活用の概要

業界	社名	特徴
電力	**エナジーゲートウェイ** ［東京電力グループ］ **ネコリコ** ［中部電力×IIJ］	「BtoBtoC」のビジネスモデル展開。「BtoBtoC」の中間の「B」に当たるパートナー企業が、顧客である「C」に対して、新たな価値提案をすることを支援している。
ガス	**東京ガス** **大阪ガス**	ガス事業を通じて、これまで培った「顧客との対面でのつながり」を強みにして、既存顧客を中心にビジネスを展開している。
通信	**KDDI** **エンコアードジャパン** ［ソフトバンクグループ］	電力自由化を機に電力小売事業に参入。消費者の電力利用情報を分析し、消費者が生活に活用するサービス展開を目指している。
住宅	**大和ハウス工業** **積水化学工業**	住宅を購入してくれた顧客にフォーカスしてサービスを展開している。住宅に併設される太陽光発電、蓄電池、IoT機器、EVを活用したサービスを展開している。

ここで紹介する8社の現在は、1を経て、2、3へと進みつつある段階といえる。技術開発だけに没頭するだけでなく、取り組みの過程で得られた経験をもとに製品やサービスに改良を重ねて、丁寧に3、4へと展開していくことが大切だ。第1章で紹介した情報の3つの経済特性をおさえながら、地道にユーザーの声を拾っていくことが、高収益化への近道となるだろう。

インタビュー 1

エナジーゲートウェイ（東京電力グループ）

2018年10月当時の内容

電力センサーとクラウド搭載のAI分析エンジンによってすべての家電の動作状況を見える化プラットフォーマーとして電力センサーの100万件の導入をめざす

エナジーゲートウェイ（東京都港区）は2018年に設立。東京電力パワーグリッドが60％、インフォメティスが40％を出資した。インフォメティスは、電力センサーならびにAIを用いた機器分離技術を提供。対応できる家電は、9種類と他社より抜きん出ており、メーカーや型式によらず家電種別を特定することができる。家電の使用状況の見える化にはアプリ「うちワケ」を提供。太陽光発電からの電力販売量も見ることができ、蓄電池の充放電量の表示にも対応済みだ。同社の事業モデルはBtoBtoCであり、パートナーを介してエネルギーマネジメント、セキュリティ、医療介護、機器診断、ホームオートメーションなど幅広いサービス展開を想定している。同社は、今後の成長ステップとして、個々のサービスの普及、プラットフォーム化、社会基盤化の3ステップでの成長を描いている。

コンセプトは「データを紡いで世界をつなぐ」

エナジーゲートウェイは、東京電力パワーグリッドから60%、インフォメティスから40%の出資を受けて、2018年2月に設立された新会社である。主な事業は「IoTプラットフォームサービスの提供」として、具体的には、各種電力センサーの販売、システム企画・開発、情報処理・提供サービスを手掛ける。

出資元の東京電力パワーグリッドは、2026年の電力託送外事業の売上として1000億円を見込んでいる。2016年の時点で同事業の売上規模は400億円、これを倍増以上にする必要がある。そこで2017年4月に託送外事業を専門とする事業開発室を設立し、検討を進めた。託送外事業のなかでも、特に家庭内のIoT事業への注力に方向性を定め、当時業務提携を結んでいたインフォメティスとエナジーゲートウェイの設立に至った。

株式会社エナジーゲートウェイ	
●住　所	東京都港区新橋3丁目1番11号
●設　立	2018年2月15日
●資本金	3千万円（2019年4月1日時点）
●事業内容	IoTプラットフォームサービスの提供（各種センサーの販売、システム企画・開発、情報処理・提供サービスを扱う）
●従業員数	13名（2019年4月1日時点）

住宅内などの電気使用状況などの情報を収集・蓄積・分析・加工することのできるIoTプラットフォームを提供。具体的には、プラットフォームをビジネスパートナーに提供し、ビジネスパートナーが利用者にサービスを提供するB to B to Cモデルを展開。将来的には、医療・介護や警備などの多様なサービスの創出をめざしている。2019年2月には、東京電力エナジーパートナーの新サービス「おうちモニタリングプラン」に当社のIoTプラットフォームが採用された。

東京電力パワーグリッドは、送配電ネットワークを活用した電力の供給などを主な事業とするため、電力事業においては公平中立という立場に位置づけられる。子会社のエナジーゲートウェイもその流れを受け、「制限なく、広くさまざまな事業者と一緒にやらせていただき、社会基盤となることをめざす。データを紡いで世界をつなぐことをコンセプトとする」（林代表取締役社長）と自社を位置づけている。

「機器分離技術」を強みとするインフォメティス製の電力センサーを提供

もうひとつの出資元であるインフォメティスは、もともとソニーでＡＩ技術を活用した事業開発を行っていた只野太郎氏（現・インフォメティス代表取締役社長）が中心となって２０１３年に設立した会社だ。２０１６年11月に東京電力エナジーパートナーとの業務提携を発表、ＩｏＴプラットフォーム構築に関する共同実証実験に参加している。

同社が開発した電力センサーは、分電盤内部に取り付けることで電力・電流を計測する。データは、家庭のインターネットを介してクラウドへ送信。クラウド上にある機器分離の分析エン

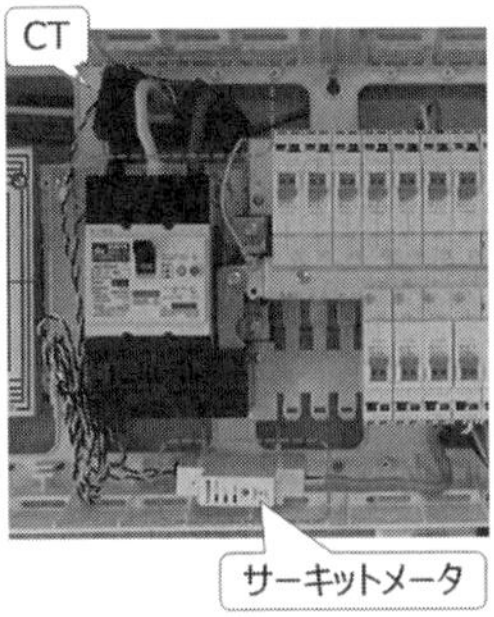

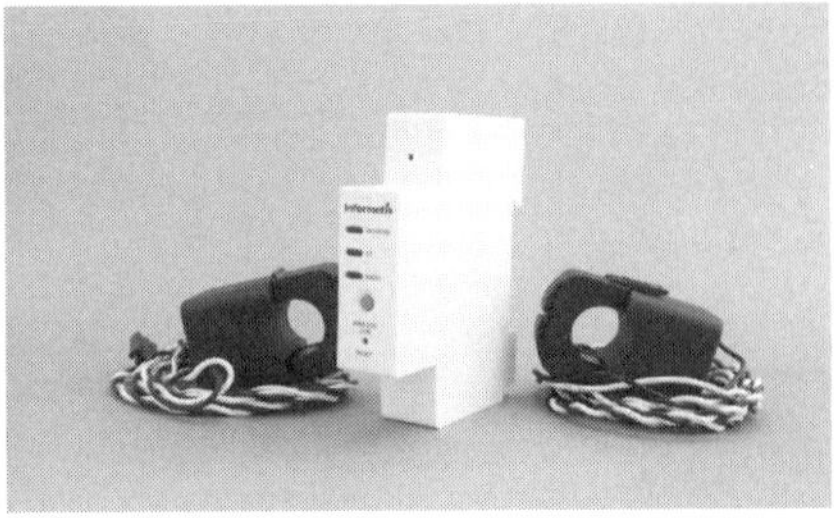

ジンが、居住者が、どの家電を、いつ、どのくらい使ったかを見える化する。

最大の特徴は、9種類（2019年1月現在）の家電の動作状況を、この電力センサー1台で情報収集できることだ。家電の動作状況を知らせるセンサーは、他社でも事例が複数あるが、情報を取得するためには、家電にセンサー対応機能がついていることが前提のものや、家電のメーカーが異なると接続ができないという課題を抱える製品が多かった。対して、インフォメティスの電力センサーは、独自のＡＩを使った分離技術を活用し、メーカーや型式によらず、エアコンならエアコンと識別することができる。識別スキルは、年式も超えることが可能であり、20年前の家電であっても最新の家電であっても対応する、まさに「家庭の中のすべての家電の動作状況を見える化」できる。また、分電盤内部に電力センサーを設置するため、見た目をシンプルに仕上げることができ、既設住宅への導入もスムーズできるという施工面でのメリットもある。これらの強みを持った電力センサーを主軸に、エナジーゲートウェィはサービス展開している。

機器分離技術とオートラベリングを実現した経緯

インフォメティスで行った電力センサー開発についての技術的なハードルは、機器分離技術とオートラベリング（波形が、どの家電のものであるかを抽出する技術）だという。

機器分離アルゴリズムでは、時々刻々と変化する主幹の電流波形とマッチする電流波形の組み合わせを見つけ出すことで、家電の稼働状況を判定することができる。機械学習を使って、いわば因数分解のように個別の家電の波形に分解していくという仕組みだ。加えて、難易度が高いオートラベリングを手掛けた理由は、家電の動作状況を知るために、家庭内の家電一つひとつすべてを登録する作業を、利用者に依頼することは難しいという点にある。たとえいくつかの家電を登録しても、完全に登録されていないのであれば、データの精度が上がらない。すなわちサービスとして品質を担保できなくなってしまう。そのためにも、オートラベリングは必須の技術であり、苦労して実現にこぎつけたという。

エナジーゲートウェイでは、時間帯別で家電の使用状況がわかるサービスアプリ「うちワケ」を販売している。「うちワケ」は、家電の使用状況のトップランキングも表示できるほか、過

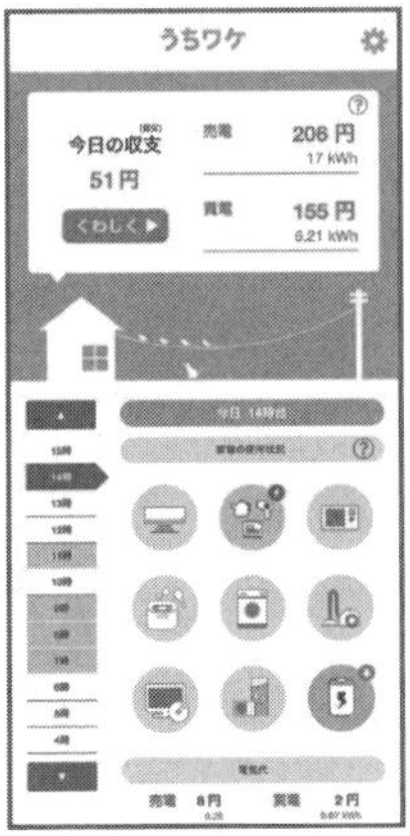

去のデータも週単位、月単位で見ることができる。これによって、例えば、今月は前月と比較して使いすぎている、具体的には、どの家電を使いすぎているという状況を見ることができる。また、太陽光発電での電力販売量と電力会社からの電気の購入量が見えるようになっていることに加えて、蓄電池の蓄電状況にも対応していく方針だ。

B to B to C事業を展開

エナジーゲートウェイのビジネス上の立ち位置は、B to B to Cの最初のBに該当する。居住者にサービスを提供している事業者（住宅事業者やセキュリティ事業者、損害保険事業者、医療介護、リソースアグリゲーター

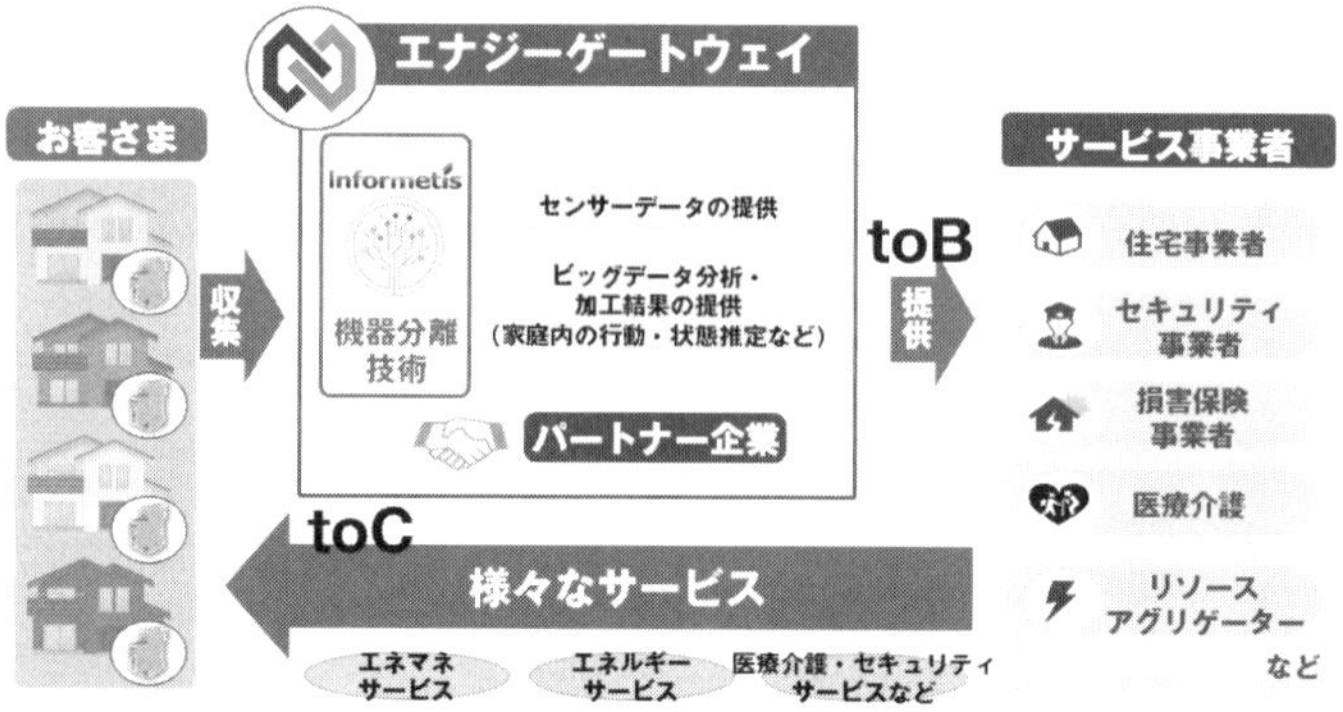

など）が事業を展開するうえで有用なデータを提供する、あくまで、事業者とのパートナーシップをもとにサービスを提供する立ち位置だ。「我々自身がフロントにでるのではなく、基盤の役割となることを想定している」と林氏は同社のポジションを語る。

電力データを活用し、エネルギーマネジメント、セキュリティや見守りサービス、医療介護、機器診断、ホームオートメーション、リソース制御、コミュニケーション活性など、幅広いサービス展開を想定している。具体的には、介護の現場でケアマネージャーがケアプランを作成する際に、要介護者の家電利用の動きのデータを参考にするといった用途が考えられる。そのほかには、家電の稼働率を見ることができるので、居住者がデマンドレスポンスに協力した際に想定される電力量の算出に用いることができる。これまでは、大きくデマンドが下がったところは可視化されたとしても、各家庭が実際にどのように運用を変えたかは具体的にわかっていなかった。「サービス事業者には、センサーを導入することで、これを使って何ができるかをワークショップや対話を重ねながら、ともに作り上げていくのが当社の営業スタイル」と林氏は述べている。

提携先企業での多様なサービス展開

エナジーゲートウェイの提携先企業によるサービスの例として、東京電力エナジーパートナーでは、「ＴＥＰＣＯスマートホーム遠くても安心プラン」を提供している。電力センサーを活用し、遠く離れて暮らす高齢者などの生活を見守るサービスだ。

そのほか、大和リビングマネジメントや大東建託、セコム、パナソニック、京セラなどの大手企業と実証事業に取り組んでいる。大和リビングマネジメントと大東建託では、賃貸住宅向けに電力センサーを設置､居住者への見える化サービスの提供を開始している。東京電力パワーグリッドと京セラは、経済産業省のＶＰＰ構築実証事業での取り組みの一部にエナジーゲートウェイのＩｏＴプラットフォームを採用している。

3段階での成長戦略

エナジーゲートウェイは、自社の成長ステップとして、①個別サービスとしての普及、②プラットフォーム化、③社会基盤化の3段階を想定している。

①の「個別サービスとしての普及」は、実証実験などを通じて利用する事業者を増やし、規模を追うことを指す。このフェーズでは、利用者一人ひとりから個人情報の扱いに関する同意取得が必須となることがハードルになり得る。この点について林氏は、「いざ家電の利用状況がすべて見える化できるというと、データを細かく取得されることに対して懸念を持たれる利用者も少なくない。利用者の心配に寄り添い、データ取得やデータ加工・利用について地道にパーミッション（同意）を取っていく」と語る。

②の「プラットフォーム化」においては、電力セ

ンサーの設置件数として具体的に１００万件規模をめざす。この１００万という数字は、ビッグデータとしての利用価値を生み出すために必要な母数として、またＩｏＴが当たり前のものとして生活の中に溶け込んでいる世界における設置数の目安として、設定している。

③の「社会基盤化」のフェーズでは、得られたビッグデータを活用しながら、マーケティングやリコール検知、配送効率化など社会性の高いサービスを創出し、幅広く共通して使われる状態をめざす。

「我々の思いもよらない分野での使い道を広げていきたい。領域に制限を設けず、いろいろな方とパートナーシップを結んでいきたい」と林氏はオープンスタンスで臨むことを強調する。さらにその先には、Utiliry3.0が実現する世界で、エナジーゲートウェイは、住宅業界における中心的存在となることをめざしている。

インタビュー 2

ネコリコ（中部電力×IIJ）

2018年10月当時の内容

「家と話すように暮らす」をコンセプトに事業者向けプラットフォームを提供
インターフェースにLINEを採用し、他社にない使いやすさを実現

ネコリコ（東京都千代田区）は2018年に設立。中部電力とインターネットイニシアティブ（IIJ）が共同出資して設立した合同会社だ。同社は、「家と話すように暮らす」をコンセプトに掲げ、2018年9月からBtoBtoCの事業形態で事業を開始した。同社が提供する「necolico HOME+」の特徴は、温度や湿度など生活環境に関するデータをもとに最適な生活環境を考察して、利用者へのLINEメッセージにより暮らしをより良くする点にある。インターフェースにLINEを用いることで、家と会話しながら快適な環境を享受できる。今後は、蓄電池制御を含めたエネルギーマネジメントも視野に入れる。同社はBtoBtoCの事業形態が基本であるため、パートナー事業者との連携強化を重視しており、パートナー事業者の付加価値向上に資するニーズを積極的に吸収する方針だ。

中部電力とＩＩＪが共同出資

ネコリコは、中部電力とＩＩＪが共同出資して設立した合同会社だ。中部電力は、２０１８年３月に公表した経営ビジョンにおいて、「変わらぬ使命の完遂」として、本業である電気事業をより強固にするとともに社会構造の変化を踏まえた「新たな価値の創造」を念頭に、ＩｏＴ事業など従来にない事業領域への拡大を進める方針を示していた。ＩｏＴに必要な要素技術を有するＩＩＪは、ＩｏＴ関連の事業領域を業務から家庭用途へ拡大する方針を検討していた。これまで両社では、ＩｏＴ実証事業などで協力関係があったこともあり、２０１８年４月にネコリコの設立に至った。

「家と話すにように暮らす」がコンセプト インターフェースにはＬＩＮＥを採用

ネコリコは、「家と話すように暮らす」をコンセプトに掲げ、

合同会社ネコリコ

●住　所　東京都千代田区東神田2-1-8　秋葉原クロスサイド6階
●設　立　2018年4月2日
●資本金　1億円
●事業内容　家庭向け IoT サービスのプラットフォームを提供（家庭向け IoT サービス事業、IoT インフラサービス事業）

家庭の暮らしを便利で快適にする IoT プラットフォームを提供（B to B to Cモデル）。2018年10月に中部電力が開始した実証実験「おうちコネクト」などにおいて、ネコリコが手がける IoT プラットフォームが用いられている。また、2019年3月には、LINE で家と会話できるホーム IoT サービス「necolico HOME+（ネコリコ ホームプラス）」を個人向けに提供開始。2019年中にスマートロックや蓄電池などのサポートも予定。

２０１８年９月からＢ to Ｂ to Ｃの事業形態で事業を開始した。具体的には、室内に設置したセンサーが、温度や湿度など生活環境に関するデータから最適な生活環境を考察して利用者にリコメンドする、つまり「家が話しかけてくる」サービスを展開している。

類似のサービスは他社にも見られるが、最大の違いはインターフェースにＬＩＮＥを採用していることだ。スマートフォンのＬＩＮＥアプリを使って、さながら家と会話をしながら、家電の制御や家の状況を把握することができる。例えば、家庭内に設置した環境センサーが観測する情報（室温や湿度など）をクラウドで分析することにより、つい忘れがちな換気のタイミングや、インフルエンザ対策などを「おせっかい通知」としてＬＩＮＥを通じ、メッセージを送ってきてくれる。これらの通知に対して利用者は、必要に応じてＬＩＮＥのトーク画面上からエアコンのスイッチを入れることができる。専用アプリと比べると実現に制約が生じる機能もあるが、利用者は、外出先からでもＬＩＮＥを使って宅内データの確認や家電の操作が可能だ。

こうしたインターフェースについて、通常では、まず利用者が専用のアプリを立ち上げ、利用者が主体となって操作をする。ネコリコのコンセプトは、その反対。家（necolico HOME+）がリコメンドを出し、利用者が応える。ＬＩＮＥを介することで「家と会話する」というシーンを日常に溶けこまる世界観を創ることができる。

necolico HOME+

あなたの家に 優しさをプラス 賢さをプラス

ホームIoTサービスをOEM提供するプラットフォーム

自社ブランドでのホームIoTサービス提供を支援するIoTプラットフォームです。自社でホームIoTサービスを取り扱いたいが、「これから開発を始めても時間とコストが…」、「他社の商品では自社のブランドが活きてこない…」そんなお悩みを解決します。

LINEを用いた親しみやすいインタフェース

スマートメーターをはじめとするセンサーからのデータを、生活をより良くするメッセージに変換しお届けします。換気タイミングやインフルエンザ危険度を教えてくれる「おせっかい通知」、セットアップや使い方をアシストする「ガイダンス通知」など、家と会話するイメージでご利用いただけます。

機能でデバイスを選択してサービスイン

ラインナップされたデバイスをすべて取り扱う必要はありません。エンドユーザに提供したい機能を選択いただければ、それに必要なデバイスをご案内します。機能の組み合わせでプランを作ってサービスを提供したい、サービス提供開始後にデバイスを追加して機能を増やしたい、そんなご要望にもお応えします。

IoTで家や家族ともっとつながる

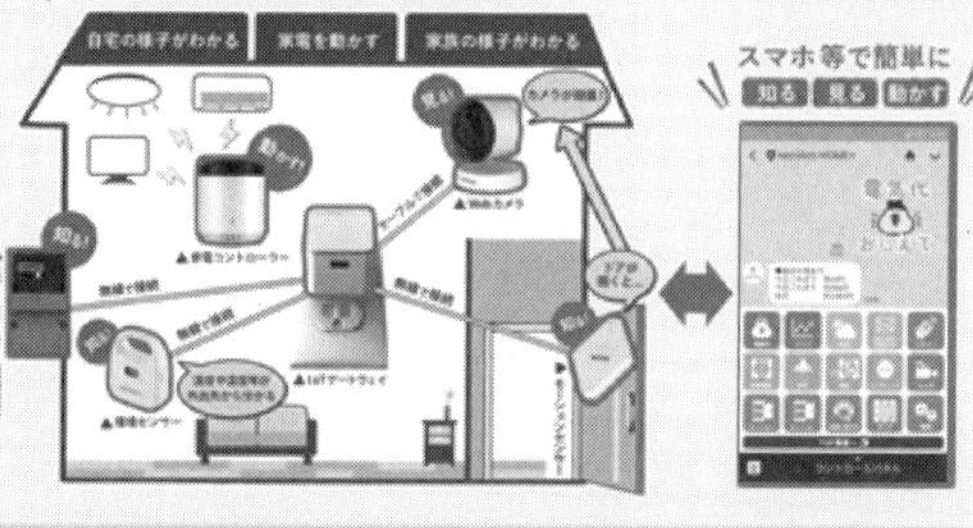

お客さまの暮らしを便利で快適にする新たなサービスを提供します

サービス活用イメージ

室内環境を知らせてくれる
暮らしの見守り

ドアの開閉を知らせてくれる
お部屋を見守り

家の中でも外でもスマホや声で
家電を簡単に操作

見守りなど、生活に関する基本サービスもラインナップ

「necolico HOME+」での対応機器は、2018年12月時点で、IoTゲートウェイ、室内環境センサー（USB型、据置型）、赤外線暗視対応USBカメラ、ドアや窓の動きを感知するモーションセンサー、家電を制御する赤外線リモコンの6点だ。

IoTゲートウェイと赤外線リモコンの接続はクラウド経由となっているが、LINEからエアコンをONに操作した場合には、一旦ネコリコのクラウドを経由し、赤外線リモコンから電源をONにする仕組みだ。これは、今後多くの家電がインターネットに接続することを想定し、クラウド経由で柔軟に連携できるためだ。赤外線リモコンはAmazon EchoやGoogle HomeなどAIスピーカーとも接続し、AIスピーカーから直接操作することができる。

「necolico HOME+」が提供するモーションセンサーを活用すると、ドアの動きを検知できるため、例えば、トイレのドアが朝から開閉していないといった、室内の異常検知に用いることができる。あるいは、室内環境センサーを使って、室温30℃以上が続いている状況を検知することも可能だ。また、スマートメーターからも情報を取得することができるため、データを組み合わせることで、より確実に状況を把握することができる。さらに、季節に応じたエアコンの使用など、おおむね定常的な利用者のアクションが想定されるものは、「今後自動化します

か？」といったＬＩＮＥメッセージを介して、利用者に自動化を選択してもらう機能を検討中だ。

事業モデルはＢtoＢtoＣ。幅広いパートナリングを通じてニーズを開拓する

「necolico HOME+」の事業モデルの基本は、Ｂ to Ｂ to Ｃだ。ネコリコは、中間のＢに該当するパートナー事業者に対してデバイスの種類や機能の選定、ブランディングを支援し、パートナー事業者が利用者にサービスを提供するモデルだ。パートナー事業者は、ネコリコのホームＩｏＴを自社オリジナルのサービスとしてカスタマイズすることができる。もちろん、サービス内容のカスタマイズと並行して、販売やメンテナンス体制の構築をサポートする。着手からサービス開始までに最短２カ月半というフットワークの良さも強みだ。

ネコリコが描く世界の実現に向けて、このパートナー事業者との連携強化は不可欠である。エネルギー事業者以外の領域についてネコリコ職務執行者の佐々木氏は、「ホームＩｏＴは、まだまだ黎明期で赤外線リモコンが、ようやく音声操作などが可能となり、一般の認知が向上してきた段階。デバイスも限られているため差別化は難しい。このため、パートナー事業者の既存のサービスと組み合わせ、お客さまの利便性向上に寄与することが必要」と言う。

また、不動産業界では、ホームＩｏＴを組み込むことで物件価値を上げる動きも出てきている。佐々木氏は、「Ｂ to Ｂ to Ｃの事業形態であるため、我々のお客さまは、最終の利用者だけではなく、パートナーとなる事業者もお客さまである。パートナー事業者の価値向上に貢献する視点も重要」と語る。

ネコリコのサービス提供エリアは、中部電力の電力供給エリアと関係がない。パートナー事業者が全国を対象にサービスを展開するならば、全国で利用することが可能ということになる。パートナリングの展望について、佐々木氏は、「現在の我々のラインナップはベーシックなホームＩｏＴだが、利用者や事業者のニーズは、別のところにあるかもしれない。今は、さまざまなパートナーと連携し、ニーズを吸収し、サービスを増やしていくフェーズだ」と述べる。

蓄電池制御を含めたエネルギーマネジメント機能も強化

２０１９年以降にＦＩＴ契約が終了する住宅は、50万世帯以上と見込まれている。太陽光発電からの余剰分の受け入れ先として、また、今後さらに分散化が進む系統の調整用として、蓄電池は間違いなく用途が見込まれる。もちろんネコリコもこうした状況を見据えている。

「我々のＩｏＴゲートウェイは、スマートメーターＢルートにアクセスする機能がある。ＦＩ

Ｔ切れを見据え、蓄電池やエコキュートなどにもアクセス・制御できるよう対応する」（佐々木氏）と目線を定め、さらに、その先の蓄電池の用途も構想する。「現在は、複数社に売買することは法的に難しいが、将来的には、時間帯や事業者ごとの買取価格に応じて、どの事業者に売れば最も経済的なのか、あるいは蓄電するほうが良いのかを自動的に判断できるようにしたい。これには、お客さまの家電の使い方も重要な要素となるので、エネルギーマネジメント＋ホームＩｏＴで、快適で経済的な暮らしをサポートしていきたい」と展望する。

今後の展望

普及までの課題のひとつは、センサー類や蓄電池といったハードウェアの価格だ。例えば、見守りサービスについては、「本当に必要とする利用者であれば出費できる範囲だが、一人暮らしのご高齢者の家庭をすべて対象として自治体などが設置する場合を考えると、まだまだ高額の印象がある」と佐々木氏は語る。

こうした課題があるとはいえ、「この業界が黎明期であることを追い風に、先入観を捨て、多様なパートナーを増やしていくことが大切だと考える。パートナーからホームＩｏＴ以外の視点をもらいつつ、市場全体を盛り上げていきたい」と語る。「ＬＩＮＥを使ったインターフェースも、あくまでも通過点」だと言う。「究極的な姿をいえば、ユーザーインタフェースはないほうが理想。利用者が何もしなくても家がさまざまな情報をもとに考え、快適で経済的な環境を提供してくれるシステムが理想。その一歩手前がＬＩＮＥを使ったサービス」と位置づけ、より顧客視点での使いやすい形を模索している。

佐々木氏のイメージする世界観が具体化するのは、10年後か、15年後かと尋ねたところ、「もっと早いのではないか」という答えが返ってきた。法的な課題はあるが、技術的には、ほぼ実現できる目途は立っているという。「蓄電池は価格がまだ高いが、値段が下がってくれれば、遠くない将来に実現すると考えている。ホームＩｏＴの視点で行くと、今後あらゆる家電がネットにつながる時代が来る。我々が、まったく想定していない使い方が出てくると思うので、そうした用途を見落とさないようにしたい」と頼もしい展望を示した。

インタビュー 3

東京ガス

「安心」から「元気」へとビジネス領域を拡大
ストック型のビジネスモデルを展開し、生活周りのプラットフォーマーをめざす

2019年6月当時の内容

東京ガス（東京都港区）は、2016年4月に家庭向け電力小売事業に参入した。2019年6月時点までに新しく獲得した電気契約数は約195万件。電気、ガスに続く3本目の柱としてサービス事業を位置づける。「ずっとも安心サービス」の名称のもと、生活まわり駆けつけサービスや、ガス会社ならではのサービスであるガス機器スペシャルサポートなどを軸にサービスの拡充を進めている。そのなかで「くらし見守りサービス」は、ガスの消し忘れ防止や遠隔遮断機能を備え、32万件の登録がある。2019年からは、「ご自宅の見守り」や「ご家族の見守り」へと範囲を拡大し、IoTセンサーを活用した鍵の閉め忘れ確認や家族の帰宅確認など、生活における3つの心配事を解消する。東京ガスの強みは、ガス機器の設置や保守などで培われた顧客との対面を通じたつながりだ。今後は、家庭に届ける新しい価値として居住者が元気になるサービスに注目し、展開していく。

3本の柱での経営計画

1100万件を超える顧客を持つ日本最大の都市ガス事業者である東京ガスは、2016年4月の電力小売り全面自由化のタイミングで家庭への電力販売事業に参入した。133年にわたる都市ガス事業を通じたノウハウを活かし、顧客の使用実態に即したガスと電気を組み合わせた最適な提案は広く支持され、既に約195万件（2019年6月時点）の電気契約を獲得している。電力とガスと、二大エネルギーが主力事業となった同社は、2017年10月に2018～2020年度の経営計画として「GPS2020」を発表した。GはGas（ガス）、PはPower（電力）、SはService（サービス）を指しており、これにGlobal（世界）も加えた計画となっている。サービス事業については、ガス、電気に続く第3の柱と位置づけ、エネルギーに加え、お客さまの暮らしのニーズに合ったサービスを組み合わせ提供する方針だという。

「サービス事業をハード向けとソフト向けの2つに分け、ハード向けでは、ガス機器・電気機器・住宅設備などの工事・メンテナンスの最適な提案を進めている。ソフト向けは、2016年頃からお客さまにとっての東京ガスに対するイメージである「安心・安全」をコンセプトに拡充してきた」と東京ガス 暮らしサービス事業推進部 サービス事業企画グループ マネージャーの

岩田哲哉氏は語る。

安心・安全を提供

ソフト向けサービスとして、暮らしに寄り添い見守り続けることをコンセプトに、2017年4月から「くらし見守りサービス」を開始した。これは、ガスのメーターが持つ通信機能を活用し、東京ガスの監視センターが24時間365日、契約者のガス利用状況を見守るというもの。サービス契約者は、①外出中のガスの消し忘れ確認と遠隔遮断、②長時間使用時の監視センターからの連絡、③ガス使用量から確認する、離れて暮らす家族の見守り、という3つの「見守り」が受けられる。初期費用はなく、月額500円(税込み)で気軽に始められる点が大きなメリッ

東京瓦斯株式会社

●住　　所　東京都港区海岸1-5-20
●設　　立　1885年10月1日
●資 本 金　1,418億(2018年3月31日現在)
●売 上 高　17,773億円(連結　2018年3月期)
●事業内容　日本で初めてLNGを輸入してから50年。上流から下流までの一貫したLNGバリューチェーンを構築し、都市ガスを中心に電気、熱などを用いた新しいエネルギーシステムも提供。国内だけでなく、海外も含め総合エネルギー企業として各種事業を営む。
●従業員数　単体7,862人(2018年3月31日現在)
連結17,138人(2018年3月31日現在)

都市ガスおよび電気の製造・供給および販売、海外における上中下流事業、エンジニアリングソリューション事業、リキッドガス事業、LNG販売、ガス機器、ガス工事、建設など、土地および建物の賃貸・管理など、情報処理サービス事業、船舶事業、クレジット・リース事業など

トだ。

「ガスの見守りサービスは、保険的な位置づけで安心・安全を提供する。以前から提供していたサービスと統合することで、約33万件のお客さまに利用いただいている。現在もご高齢者を中心に訪問し、対面でご案内することで、年間約２万件の新規申し込みを受け付けている」と同社ステーション24所長の藤原純氏は語る。

「ガスの見守り」から「家全体の見守り」へ

２０１９年２月から「くらし見守りサービス」は、ガスの見守りに加え、家全体および家族の安心・安全を見守るサービスへと拡張する。具体的には、生活の中での３つの心配事の解消を提案している。１つ目は「カギしめ確認」。外出後、カギをしめ忘れていると自動的にスマートフォンにお知らせしてくれる。２つ目は「開け閉め確認」。外出時や就寝時の玄関や窓の戸締りをスマートフォンで確認できる。警戒モードをセットすれば、センサーを取り付けた玄関や窓の開閉があった場合にも知らせてくれる。３つ目は「おかえり確認」で、あらかじめセンサーを持った家族が帰宅するとスマートフォンに通知が届く。どこからでも子供や親の帰宅などが確認できる安心感を提供する。各種センサーとＩｏＴ技術を活用したプラットフォームを構築し、見守る範囲をガスから契約者の自宅全体や、その家族に拡充している。

ストック型のビジネスモデルを展開

この新しい「くらし見守りサービス」は、契約開始時に各種センサーを購入する必要はあるが、初期の契約事務手数料が３０００円（税込み）、月額料金は９８０円（税込み）で利用できる。例えば、玄関のカギしめや開け閉めを確認できるプランでは、カギしめ確認センサー１台、開け閉め確認センサー１台、契約事務手数料で、１万８０００円（税込み）となる。ＩｏＴサービスは、専用機器を販売した時点で顧客との接点が解消してしまうことが多く、一般的に収益化が難しいとされるなか、同社の場合は、月額料金収入により安定した収益が見込めるストックビジネスと考えている。

「ＩｏＴを活用した家の見守りサービスは、まだ市場が確立されているわけではなく、市場を掘り起こすことから始める必要がある。日常に潜む潜在的な心配事をお客さまに気づいていただき、当社が提供するサービスに共感していただくことが必要となる。売り方は試行錯誤が必

東京ガスのくらし見守りサービス（ガス）

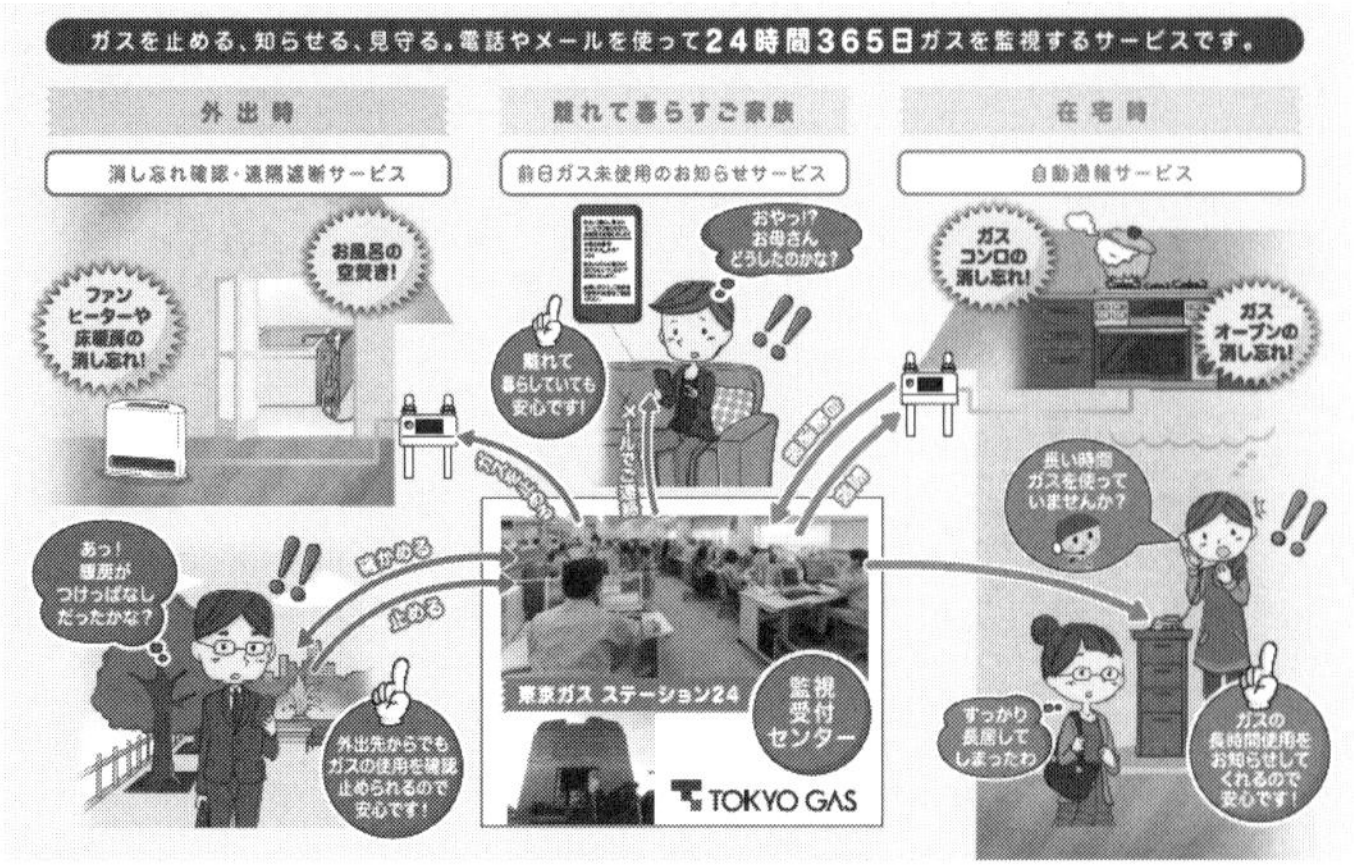

要だが、当面は、これまでどおりお客さまとの対面による販売をメインにし、ニーズを掘り起こしながらサービス内容を充実させたい」と岩田氏は語る。

独自の強み　電池と通信技術

サービス事業には、ガスのメーターを改良するなかで培われてきた電池や通信に関するノウハウ、技術資産が多数活用されている。具体的には、京都大学大学院情報学研究科・原田博司教授の研究グループと共同開発した低消費電力版Wi-SUN JUTA（F－RIT）をセンサー向け無線に採用したことで、家の中に設置された複数のセンサーに安定的な通信環境を保持、さらに無線機の低消費電力化を低コストで実現

東京ガスのくらし見守りサービス（ご自宅・ご家族）

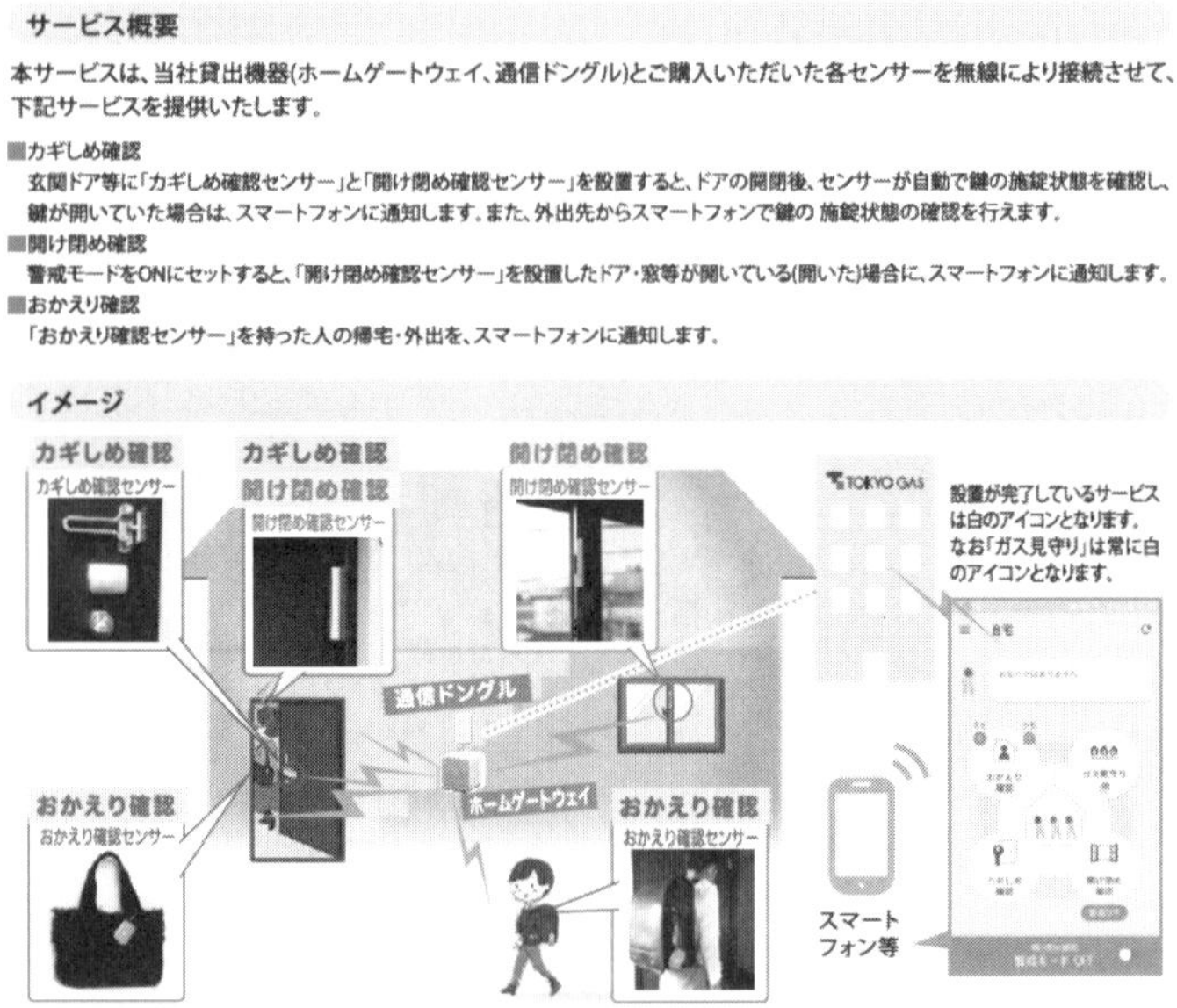

サービス概要
本サービスは、当社貸出機器(ホームゲートウェイ、通信ドングル)とご購入いただいた各センサーを無線により接続させて、下記サービスを提供いたします。
■カギしめ確認
玄関ドア等に「カギしめ確認センサー」と「開け閉め確認センサー」を設置すると、ドアの開閉後、センサーが自動で鍵の施錠状態を確認し、鍵が開いていた場合は、スマートフォンに通知します。また、外出先からスマートフォンで鍵の 施錠状態の確認を行えます。
■開け閉め確認
警戒モードをONにセットすると、「開け閉め確認センサー」を設置したドア・窓等が開いている(開いた)場合に、スマートフォンに通知します。
■おかえり確認
「おかえり確認センサー」を持った人の帰宅・外出を、スマートフォンに通知します。
イメージ

している。また、センターとの通信には専用のＬＴＥ閉域網を構築し、サービス提供基盤にはアマゾンのクラウドサービスであるＡＷＳを採用した。今後のサービス拡充やサービス件数の増加にも柔軟に対応できるように設計されている。

「くらし見守りサービスはお客さまに安心を提供するもので、サービス自体の信頼性を高める必要があると感じていた。その理由から、すべての無線通信を東京ガスの責任で行える体制にこだわった。スマートメーター用無線通信規格のひとつでもあるＦ－ＲＩＴは、家電機器の制御にも応用でき、消費電力が小さいので、電池による動作が可能であることから、お客さま宅内の電源配線や設置工事も不要となり、ＩｏＴサービスの実現に向け、コスト低減やコンテンツの拡充が期待できる」。また、「一般的なＩｏＴサービスがインターネット回線を用いていることに対し、『くらし見守りサービス』は専用回線を活用することで、インターネット環境のない家庭での提供が可能になっている」と藤原氏は語った。

ＩｏＴとは無縁と思っている方に届ける安心

「インターネットへの知識があまりなく、自分は、ＩｏＴとは無縁と思っている方にもサービスを届けていきたい。ＩｏＴ製品は、購入者自身が初期設定しなければならないものが大半だが、少しでもご利用いただくハードルを低くするために、販売時には、ご自宅にお伺いして、機器のセットアップやスマートフォンの設定まで、すべてを専門スタッフが行うようにしている。また、販売も当初は、専門スタッフに限定して開始するが、将来的には、東京ガスグループの数十拠点の数千人のサービススタッフを強みに、対面で説明し、その場で質問を受けながら進めていく。現在ガスの見守りサービスを提供している約33万件のお客さまに加え、女性の一人暮らしなどニーズがありそうな層への展開を考えている」と岩田氏は語る。

採用技術の強み（低消費電力ほか）

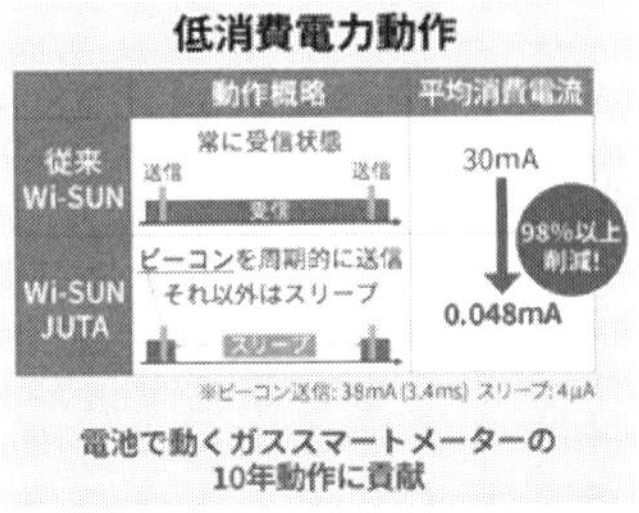

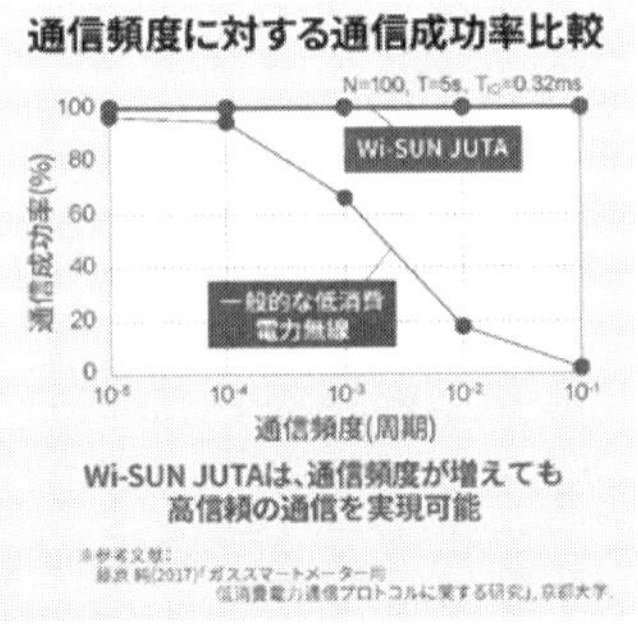

安心から元気へ　領域を拡大

同社は、家庭に届ける新しい価値として「元気」の提供を計画している。「くらし見守りサービスは「安心」を届けることで、不安というマイナスをゼロにするのがゴール。今後は、「安心」に加えて「元気」という価値を届けることで、ゼロからプラスになるサービスをめざす。領域としては食・健康などを考えている」と岩田氏。

この「元気」の部分では、自社開発だけでなく積極的にベンチャー企業を含め、パートナー企業との共創によりサービス拡充を進めている。家事代行サービスの分野としてカジタク、睡眠・疲労回復サポートサービス分野のエコナビスタ、音声コンテンツ提供サービスのオトバンクなど、同社は、次々と提携を拡大している。

「パートナー企業との出会いはさまざま。東京の南千住にある実験棟でガス機器にサービスを組み合わせていくなかで知り合った会社もあれば、電力小売り全面自由化以降に知り合った企業もある。サービスやチャネルが補完関係にあり、新しいアイデアを出し合いながら事業を開発していける企業と積極的に提携している」と岩田氏は語る。

パートナーとの新サービスも発表が進んでいる。２０１８年12月には、新しい家事代行サービスとして料理代行サービスをリリース。東京ガスが料理教室を運営することで培ったノウハウを活かした「作り置き」などのレシピと料理指導をカジタクスタッフに提供することでサービスの強化を図っている。

今後の展望　生活周りのプラットフォームへ

今後はもちろん、見守りサービスだけに留まるつもりはない。開発したサービス基盤をフル活用してＩｏＴサービスをタイムリーに展開するだけでなく、ＩｏＴサービスと家事代行などの他のサービスを組み合わせて提供価値を拡大することも狙う。さらに、ＩｏＴに関しては、将来的には国内だけでなく、文化や社会的ニーズがあれば海外へも事業を広げることも視野に入れるという。

「東京ガスグループの特徴は３つ。１つ目は顧客基盤があること、２つ目は顧客との対面という、リアルな接点を持っていること、3つ目は月額課金の決済サービスを自社で行えることだ。この3つの特徴をしっかりと強みにつなげ、さまざまなパートナーと新たなサービスを創る、生活周りのプラットフォーマーをめざしたい」と岩田氏は抱負を語る。

コラム　データサイエンス×新規事業開発

コストサイエンス株式会社　代表取締役　小倉　朗

・事業開発の勝利の方程式

ビジネスの世界には、ソフトバンクグループを築き上げた孫正義さんや楽天の三木谷浩史さん、パナソニックの松下幸之助翁という先達が多くいらっしゃいます。孫さんが日本ソフトバンク社を起業してから約2年、売上を上げず朝9時から夜中の2時まで戦略（情報インフラのサービスプロバイダー）を練ってから事業を推進していったというような既に大企業になっている起業家の話ではなく、起業してから10年以内のスタートアップ企業で成長し続けている起業家から直接見聞きしたことから導き出した〝事業開発の勝利の方程式〟を構成する3つの要素をお伝えします。

1つ目は〝覚悟〟です。某人事部代行会社P社を設立した起業家Gさんは、リーマンショックのど真ん中の2009年に起業しました。その起業理由は、起業直前の当時雇われていた会社で、自らの部下約10人をリストラするよう上司から命令され、抵抗できずリストラを敢行した経験から、「自らが守りたいメンバーを守れる会社をつくる」という想いで起業しました。その会社は今や100人弱のメンバーとなり、上場準備に入っています。

2つ目は〝最も大事にすることを言葉にすること〟です。民間で宇宙開発事業を進めている1社の代表Hさんは、起業当初から資金はないもののプロボノ含め、支援する方がたくさんいました。自らの想いを自らの言葉で伝えることを続けた結果、KDDIや日本航空といった大手企業との取引が決まり、起業してから約5年、日本で歴代最高額のシリーズAでの資金調達を達成しました。

3つ目は〝強みを変化させること〟です。2013年に某経営コンサルティング会社B社を設立したOさんは起業当初、自社の強みは「トップである自分の強み」をとにかく尖らせることだと妄信していました。すると、強みを活かせそうな発注が来るものの、企業の成長としては鳴かず飛ばずの状況が続きました。そこで自社の強みを再定義する際、「将来的に世の中から求められること、かつ、したいこと」も付加させることで差別化していくこと決意。新たな仲間を迎い入れ、自社の強みを変えた結果、起業から6年後に一部上場企業にM&Aされる会社になりました。

前述3つの要素を重点的に意識することで、やりたいことを事業として実現できる可能性は高まります。

「データサイエンス×新規事業開発」は自分ゴトを解決することから

ここでは、とあるIT事業者A社のデータサイエンスによる事業開発の事例を、ご紹介していきます。

A社は、もともと自社の事業運用のために有していた膨大なデータを別のサービスに活用する方法を模索していました。初期調査の結果、興味深いインサイトが得られることが判明したものの、事業化に向けて以下4つの課題があり、解決していく必要がありました。それでは、順番に解決までの道のりを見ていきましょう。

【I．データの精度とノイズ】データにはノイズが付き物であり、意味のある情報をノイズの山の中からかき分けることは、データ活用にあたって必須の作業であります。この事業の場合は特に、もともと本業のために収集されたデータを再利用しているということもあり、さまざまな種類のノイズが発生し、それを除去していくことが大きな課題のひとつでした。

そこで、データ自体が状況によってさまざまな形で変化するなかで、ノイズを正しく判別することは、簡単な問題ではありませんでしたが、さまざまなケースにおけるデータを分析、ノイズ除去手法を検証していくことで技術的に解消しました。

【2．プライバシー】 GDPRやフェイスブックのデータ不正利用問題などが取りざたされる昨今、顧客に関係するデータを扱ううえで、プライバシーは最重要注意事項のひとつです。個人情報をマスキングすることはもちろんですが、これだけでは不十分な場合が多くあります。というのも、状況次第で個人情報がマスキングされていても、個人特定が可能な場合があるからです。例えば、「東京の30代男性」という情報からは、個人の特定は困難ですが、過疎地にある村の20代男性で1日前に珍しい商品をネットで注文した、という情報であれば、具体的な個人情報がなくても特定できる可能性があります。

このプロジェクトの場合は、個人が特定できない情報の最小単位を統計的に検証し、また、当時としては先進的であった、その匿名化技術や利用方法を明確にするなどの注意を払いながらサービスを展開していきました。

【3．マネタイズポイント（誰に売るのか）】 このプロジェクトは、もともとテクノロジードリブンであったため、「誰に何の目的で売るのか」という問題が研究開発と同時並行で検討されました。資金余力があり、かつ、この技術に価値を見いだしてくれる対象顧客は、容易には見つからず、当初は、ビジネス面で試行錯誤を繰り返すこととなりました。

解決策としては、地道な方法ではありますが、信頼関係のある既存の取引先を中心に価値を伝え続けることで、本新規事業に報酬を払ってくれる企業が出るようになってきました。
　これは、実は昨今のディープラーニングなど、最先端のテクノロジーを活用したサービスでも頻繁に発生する問題であります。例えば、80％程度の精度が容易に出せる技術でも、多くの報酬を支払うことができる対象顧客であるほど（人命に関わる業界など）より高い精度を要求することが多いため、マーケットフィットを精査してテクノロジーを開発していく必要があります。

【4．適用対象とテクノロジーのマッチング】前述の3．とも関わりますが、ハードウェア（サーバ）スペックや使う手法、その実装方法は提供できるサービスの制約に大きく影響します。本事業開発では、ある程度見えてきたサービスに対するフィードバックとして、1日近くかかっていた処理を1時間程度に縮めたい、という要望が発生しました。処理に1日かかるということは、見ている情報が1日古いということであり、状況把握をするには十分な場合も多いですが、随時適切なアクションを取るためには、より直近のデータが必要となります。

レポート等の資料のみではなくお客様独自で分析を行うための分析業務設計やデータ分析基盤設計・構築、分析システムの開発や既存システムへの組み込みから、課題解決策の実装まで、ご要望に応じたアウトプットを行います。

　このような設計もデータ活用成功のための大きなポイントです。当初、処理の複雑さや処理

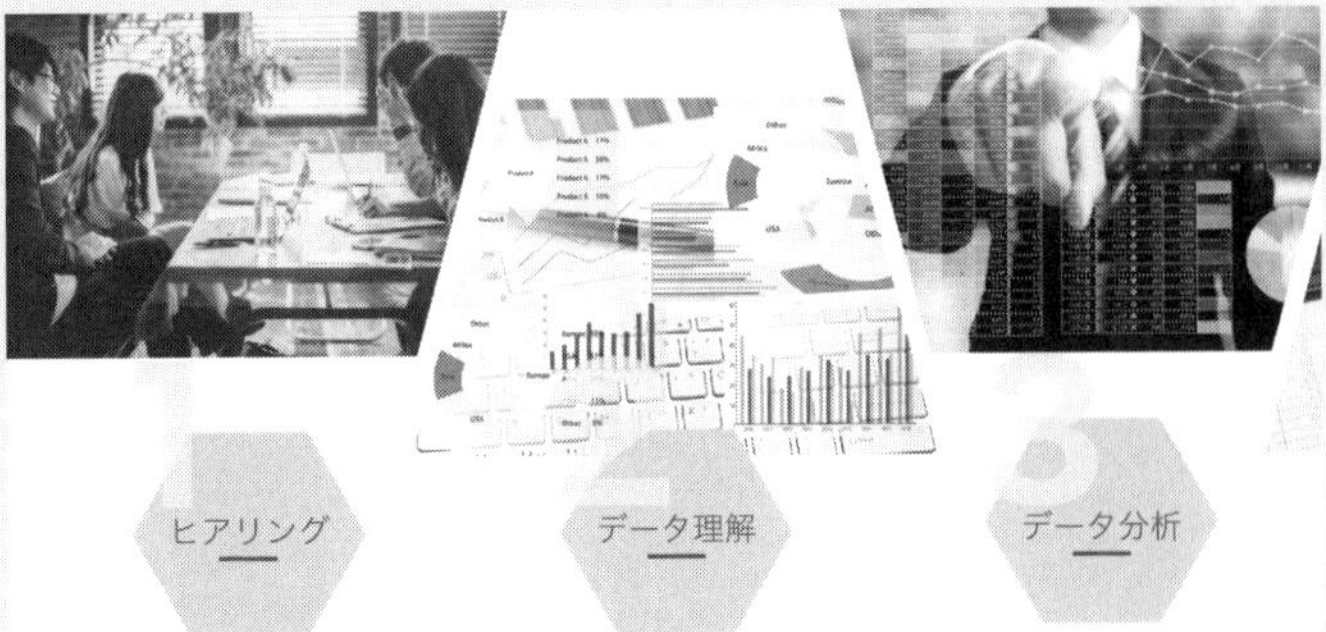

高度な分析スキルを持ったデータサイエンティストとビジネスエンジニアで構成されるチームが、お客様のご要望を伺い、課題解決に向けたデータ収集、分析方針等をご提案いたします。

お客様の保有するデータの理解に加えビジネス目的に必要な新たなデータ収集、外部データ獲得等も含めた総合的なデータ活用の判断を行います。

これまでの経験と実績に基づきビジネス目的に照らし合わせて必要な統計的手法や機械学習、AIなどを適切に活用し、要因分析やソリューション構築などを行っていきます。

が必要なデータ量の観点から不可能だと思われていましたが、実装方法を見直し、要所要所で工夫を重ねることで最終的に実現し、現在、そのリアルタイム情報を利用したサービスを展開しており、サービス利用者の収益向上に貢献しています。

以上、４つの課題を克服する際に意識することとして「サービスと技術的要素の適合性」も重要です。

サービスによって最適な技術基盤、データの種類、分析手法は大きく異なります。サービスと技術的要素は密接に関連している場合が多いため、両方のバランスをしっかりと見極める必要があり、そのためには、どちらにも精通した個人もしくはチームがいることが求められます。そうでない場合、既存技術のみの利用による提供サービスの限定、もしくはサービスをきちんと理解できないことによる技術の不適切な選定というボトルネックを発生させることになります。いずれにしても、機会損失を発生させることになり、データの力を十分に発揮させることができません。

前述のリアルタイム化の例のように、検証や実験の結果、利用者の反応などから仕様の変更が必要とされることは多々あります。データ〝サイエンス〟だからと言ってひとつの法則（やり方）に固執することなく、柔軟に対応することで事業の成功に大きく近づくことができます。ぜひ自らで成功の方程式発見のためにも、事業開発に挑戦してください。

インタビュー

4

大阪ガス

キーワードは「ツナガル」
設計・開発から設置、アフターフォローまで一気通貫できる強みを活かしたＩｏＴ化を推進

２０１８年11月当時の内容

大阪ガス（大阪市中央区）のＩｏＴに関する取り組みは、エネファームの見える化や遠隔監視から始まった。エネファームをＩｏＴ化することで、従来は、現場に行かなければわからなかった症状や原因が遠隔で確認することができるようになった。これにより社内業務の効率化、コスト削減を達成できた点が大きい。大阪ガスでは、エネファームでの成功体験をもとに、給湯器のＩｏＴ化に横展開。給湯器の遠隔見守りの反応はよい。大阪ガスの強みは、製品設計から設置、アフターフォローまで一気通貫で対応でき、きめ細かでスピード感のある製品展開が可能だ。大阪ガスは今後、他社製品やサービスとの連携を強化していく方針だ。

スマートスピーカーからの家庭用燃料電池の操作を実現

家庭用燃料電池エネファームは、日本が世界に先駆けて実用化を果たした。大阪ガスは、ＩｏＴ化を推進する商品として、このエネファームを選び、研究を重ね、２０１６年４月にＩｏＴ機能を本格的に搭載したエネファーム type S の発売開始に成功した。これにより、エネファーム type Sを持つ家庭は、スマートフォン経由でお風呂のお湯はりや床暖房のＯＮ・ＯＦＦ操作ができるようになり、またメンテナンスの簡略化、遠隔監視による安心感など、多くのメリットを享受できることとなった。

「世の中のモノがどんどんつながっていくなか、ガス業界もＩｏＴ化の波に対応する必要があると感じていた。ＩｏＴ化は、お客様とのつながりを

大阪ガス株式会社

●住　所　大阪市中央区平野町四丁目１番２号
●設　立　1897年4月10日（設立）1905年10月19日（創業）
●資本金　1,321億6,666万円
●売上高　1,371,863百万円（2019年３月期連結）
●事業内容　ガスの製造、供給および販売、LPGの供給および販売、電力の発電、供給および販売、ガス機器の販売、ガス工事の受注
●従業員数　単体5,392名（2019年３月31日現在）
連結20,224名（2019年３月31日現在）
●ガス供給件数　[単体] 555万件（近畿２府４県80市33町）
[連結] 568万件（三重県名張市、兵庫県豊岡市、和歌山県新宮市、滋賀県大津市を含む）（2019年３月31日現在）

○国内エネルギー・ガス：都市ガスの製造・供給および販売、ガス機器販売、ガス配管工事、LNG販売、LPG販売、産業ガス販売　○国内エネルギー・電力：発電および電気の販売　○海外エネルギー：天然ガス及び石油などに関する開発・投資、エネルギー供給、LNG輸送タンカーの賃貸　○ライフ＆ビジネスソリューション：不動産の開発および賃貸、情報処理サービス、ファイン材料および炭素材製品の販売

エネファームのIoTを活用したサービス概要（2016年4月～）

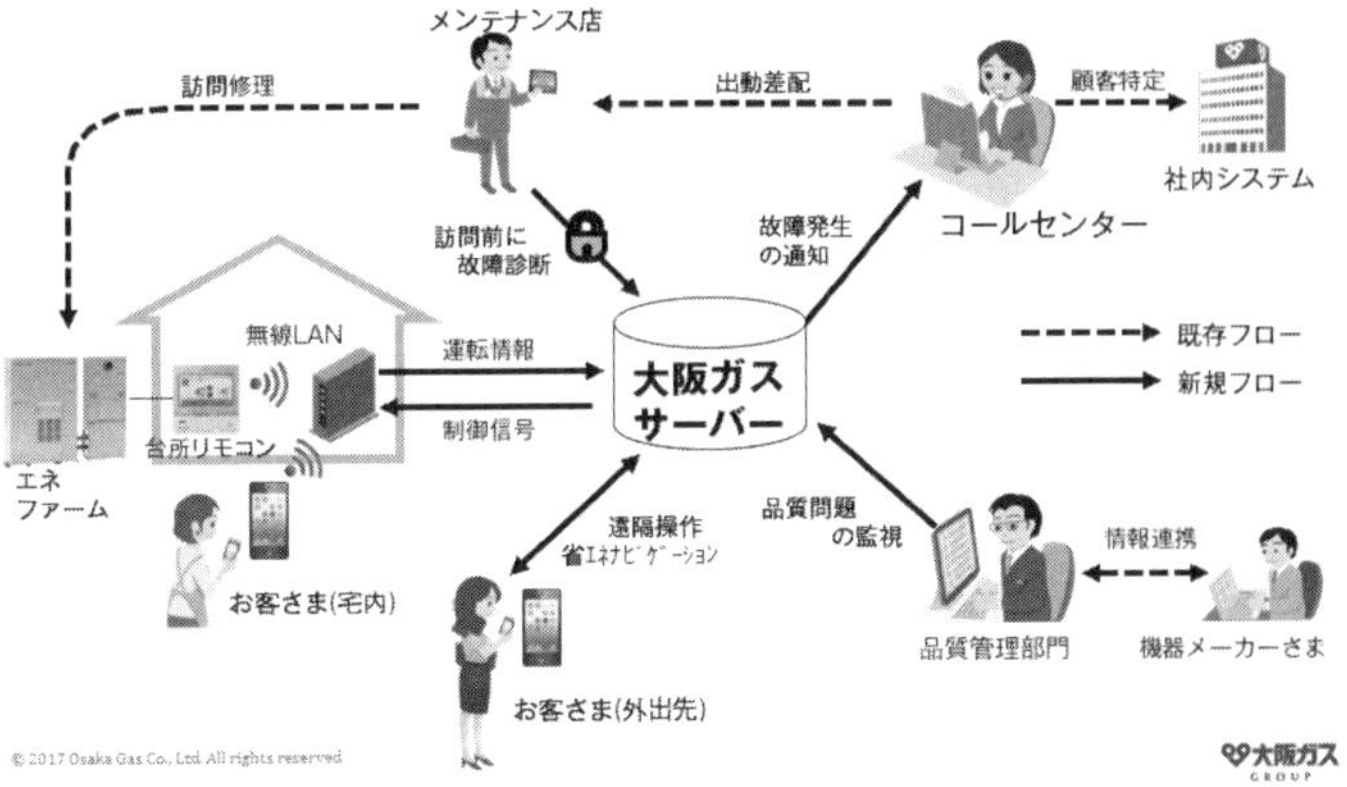

強めるひとつの要素になる。これまでの製品・ガス販売に留まらず、集められたお客様の利用データを通じて新しい関係づくりをしていきたい」と大阪ガス　リビング事業部　計画部　計画チーム　ＩｏＴ推進プロジェクトリーダーの藤田氏は語る。

ＩｏＴ化されたエネファームは、スマートフォンにダウンロードしたアプリからの操作に加えて、２０１８年４月からはAmazonのスマートスピーカーであるAlexaとも連動した。今後は、Googleが発売しているスマートスピーカーにも対応していく予定だ。「スマートスピーカーとの連携は、海外の流れを見て必須だと判断した。スマートフォンのアプリは、直感的な操作ができるようにデザインし、情報提供も積極的に行っている。エネファームの上手な活用のアドバイスなどをすることで、利用者には、より快適な生活を実現していただきたい」と藤田氏は語る。

ＩｏＴ化により業務の効率化とコスト削減を実現

エネファームへのＩｏＴ化導入の決め手になったのは、前述のような利用者へのサービス拡大はもちろん、社内業務の効率化、コスト削減効果が期待できたことだ。家庭用ガス設備への遠隔監視については、導入コストが合わず実現できていなかったという背景がある。

昨今のスマートフォンの普及などに伴う通信部品の低コスト化、また家庭への無線ＬＡＮの普及、クラウドサービスの拡大によるサーバーコストの低減などが、このＩｏＴ化を後押しした。「エネファームは10年間フルメンテナンスサポート（故障修理費用が10年間無償）というハイエンド製品であったこともあり、メンテナンス業務をより効率化していかなければいけないという課題を抱えていた。エネファームをＩｏＴ化することによって、負荷の軽減ができると判断した」（リビング事業部 計画部 計画チーム ＩｏＴ推進プロジェクトの戌角《いぬずみ》氏は語る。

実際に、①現場の作業時間短縮、②再訪問率の減少、③訪問作業の減少（遠隔からの問題解決サポート）の３つの形で効果が出ている。具体的には、①現場の作業時間短縮では、事前に遠隔監視データをもとに故障の原因を特定してから訪問ができるようになったため、結果として作業時間の約３割を削減できた。また同様に、訪問の事前に取り換え部品などを準備することができ、１回の訪問で問題解決ができるようになった（②再訪問率の減少）。また、遠隔監

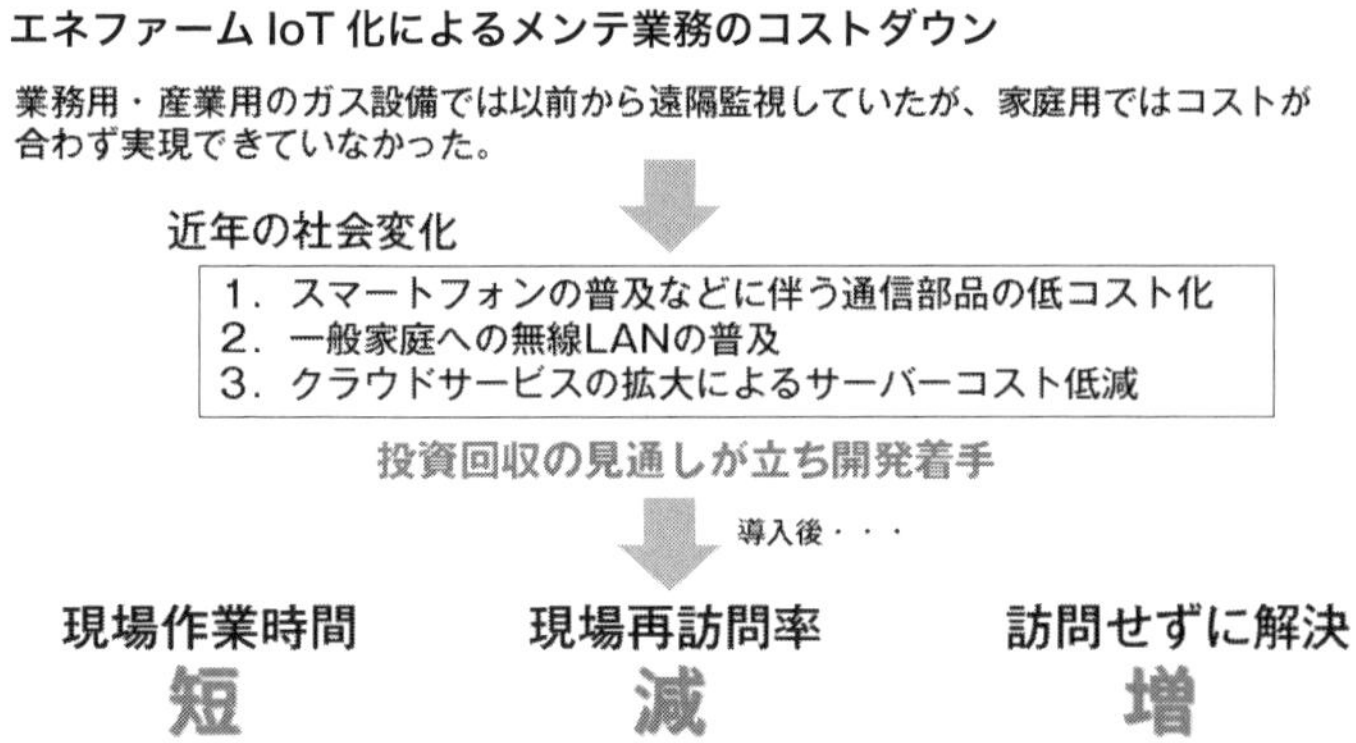

エネファーム IoT 化によるメンテ業務のコストダウン

視データをもとに、復旧作業をお客様自身に実施していただくことによって、訪問を必要とせず、その場で問題が解決することが増加した（③訪問作業の減少）。「これまでの対応では、お客様に電話口で根掘り葉掘り状況をヒアリングする必要があった。今は、収集したデータを確認しながら会話ができるので、原因が特定しやすくなった。場合によっては、お客様に、その場で対応してもらうことで解決することも多い。お客様側も訪問時間の調整などをする手間が省けて喜ばれている」と藤田氏は話す。

　ＩｏＴ機器の課題のひとつに、初期設定の手間がある。せっかくＩｏＴ機器を購入しても、インターネット接続などの初期設定の手間があるため、ユーザーがメリットを活かしきれていないというケースは案外多い。大阪ガスは、エネファームの導入時にインターネット接続完了までをフォローすることにこだわっている。「当初は、インターネット接続への苦労があったが、現場の頑張りもあり、接続率

IoT を活用したサービスの拡充 (2018 年 4 月～)

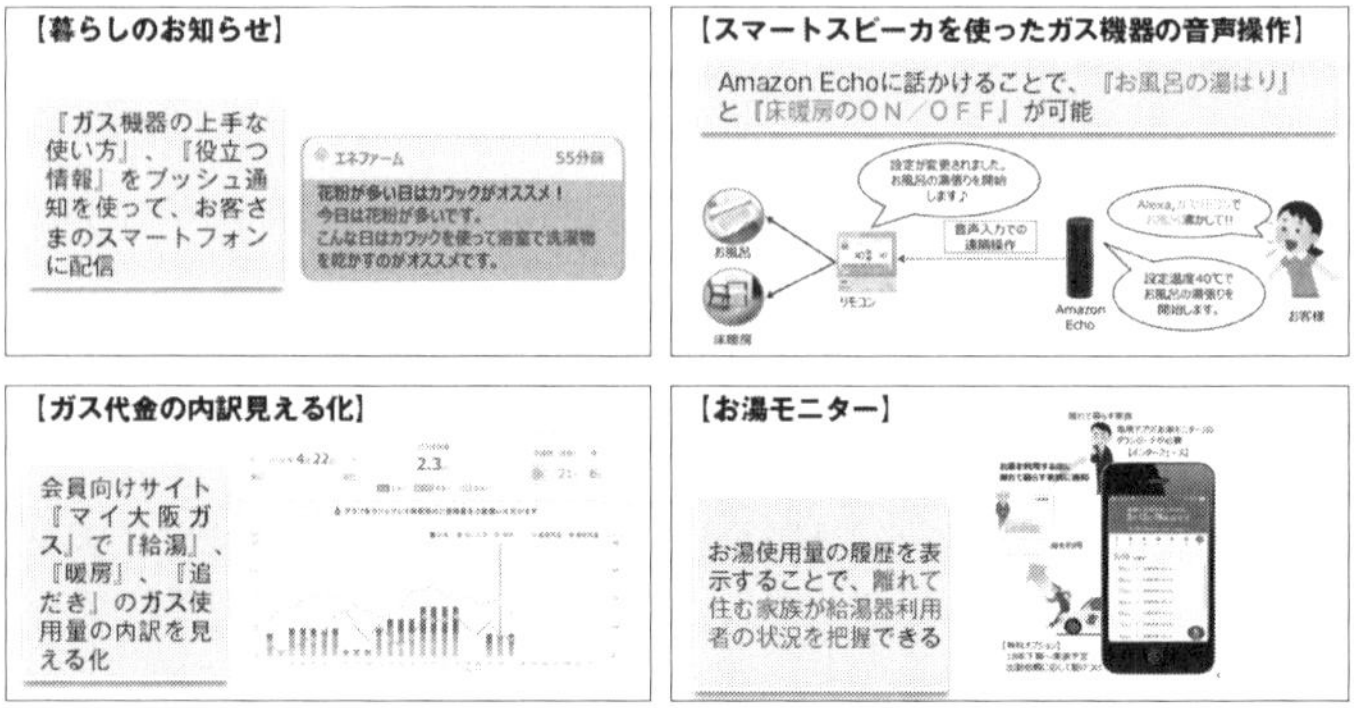
【暮らしのお知らせ】
『ガス機器の上手な使い方』、『役立つ情報』をプッシュ通知を使って、お客さまのスマートフォンに配信
エネファーム
55分前
花粉が多い日はカワックがオススメ！
今日は花粉が多いです。
こんな日はカワックを使って浴室で洗濯物を乾かすのがオススメです。
【スマートスピーカを使ったガス機器の音声操作】
Amazon Echoに話かけることで、『お風呂の湯はり』と『床暖房のON／OFF』が可能
設定が変更されました。お風呂の湯張りを開始します♪
音声入力での遠隔操作
設定温度40℃でお風呂の湯張りを開始します。
お風呂
床暖房
リモコン
Amazon Echo
お客様
【ガス代金の内訳見える化】
会員向けサイト『マイ大阪ガス』で『給湯』、『暖房』、『追だき』のガス使用量の内訳を見える化
【お湯モニター】
お湯使用量の履歴を表示することで、離れて住む家族が給湯器利用者の状況を把握できる

は90％以上になった。自社で開発・設計・販売・フォローまでのすべてを一貫して行っている強みが活かされた」と藤田氏は胸を張る。初期設定までしっかりフォローし、その後の遠隔からの見守りは、顧客が気づいていない故障や発電の停止について大阪ガス側から連絡をすることができる。利用者の93・8％が、この遠隔監視に「安心」と答えている。

「ツナガル」をコンセプトに給湯機器への横展開を実現

エネファームのIoT化による手応えを受けて、2017年10月からは「ツナガルde給湯器」をコンセプトに省エネ給湯器「エコジョーズ」へもIoT化の横展開を進めている。台所リモコン経由でインターネットに接続し、スマートフォンのアプリからも遠隔操作が可能になった。加えて、大阪ガスによる給湯器の遠隔見守り

も実施可能となった。

大阪ガスが遠隔監視でエコジョーズの故障を発見した際は、コールセンターから利用者のスマートフォンにプッシュ通知でエラー内容や対応方法を連絡できる。加えて、プッシュ通知から上手なガス機器の使い方や関連する情報を提供。提供する情報は、反応を見ながら試行錯誤している。

戎角氏は、「季節の変わり目や床暖房を使い始めるタイミングでのお知らせ、新築のご家庭などには新しい機器（床暖房・浴室乾燥機など）の使い方を案内している。お客様の開封率などを確認しながら、頻度や内容について試行錯誤している。適切なタイミングで自宅にある便利な機器の案内をすることで、より快適な生活をしてもらうことを強く意識している」と述べる。

「ツナガルde給湯器」は、Amazonのスマートスピーカー Alexaと連携し、声でお風呂のお湯はりなどにも対応している。ほかにも、浴室での事故を予防するためにヒートショックや長時間入浴の注意喚起、体脂肪測定などの健康機能を備える製品シリーズや、浴室の自動清掃（外

入浴見守り機能 ～3つのセンサーでヒートショック・長時間入浴を注意喚起～

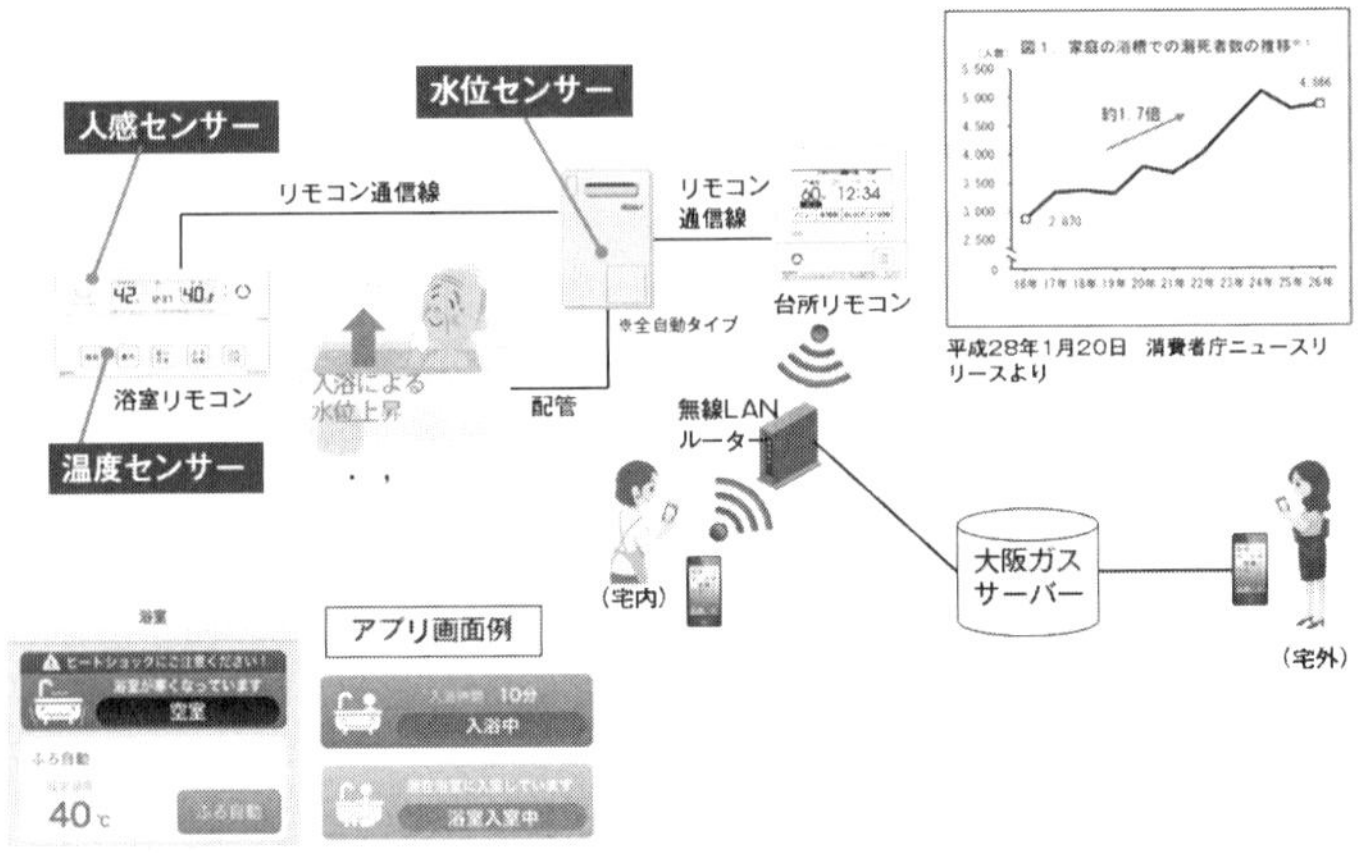

出先からスマートフォンのアプリでお風呂の浴そう洗浄とお湯はり）が可能な製品シリーズまで、充実したラインナップがある。

セキュリティ面に配慮しながらも将来を見据えてクラウドサーバを採用

数百万人以上のお客様を抱える大阪ガスが、IoT化のタイミングで自社でのサーバ運営ではなく米アマゾン社が提供するクラウドサーバサービスAWS（Amazon Web Services）の活用を選択したことは特徴的だ。藤田氏は「セキュリティなどの面を考慮しつつ、将来的な他社とのシームレスなシステム連携を見据えて活用に踏み切った」と語る。

具体的には、AWSのシステムと社内運用サーバシステムによって保存する情報の切り分けを実

ヘルスケア機能 ～身体の体積から体脂肪率を計算し自動でグラフ化～

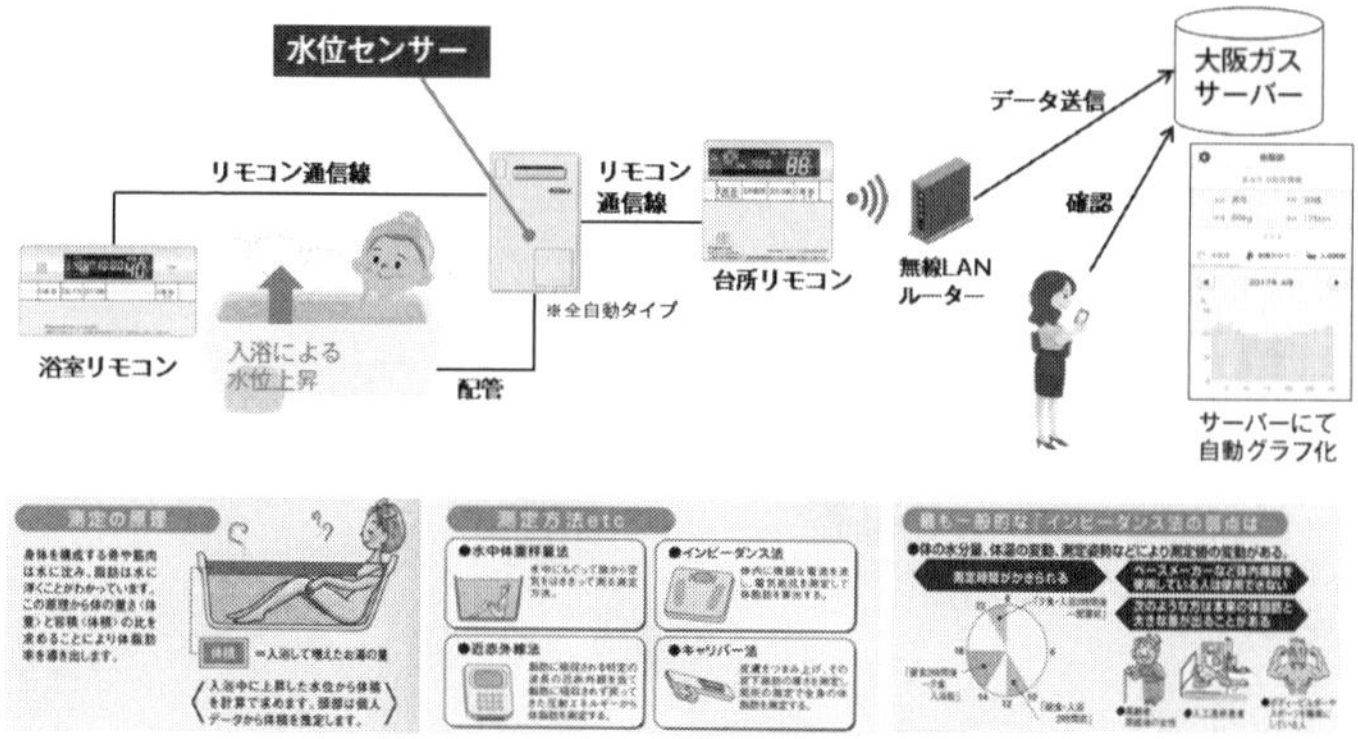

施。クラウドへ保存するデータは必要最小限にし、バックアップは、すべて既存システム側に保存している。「既存のシステムや仕組みと新しい仕組みを馴染ませることによって、手間やコストを抑えながらもセキュリティなどのリスクヘッジができた。製品の設計・開発から設置、アフターフォローまでを一気通貫で行っている当社のノウハウがシステム構築にも活かされた」（藤田氏）。

今後の展望

IoT化への取り組みから2年。エネファームからエコジョーズへと自社製品での横展開が実現した。IoTという最先端技術による遠隔でのきめ細かい見守りを進めつつ、これからも従来の「訪問」という現場対応の絶対的な安心感も継続して残し、利用者の心を

ガス会社としての強みを活かし、様々な可能性を模索していきたい。

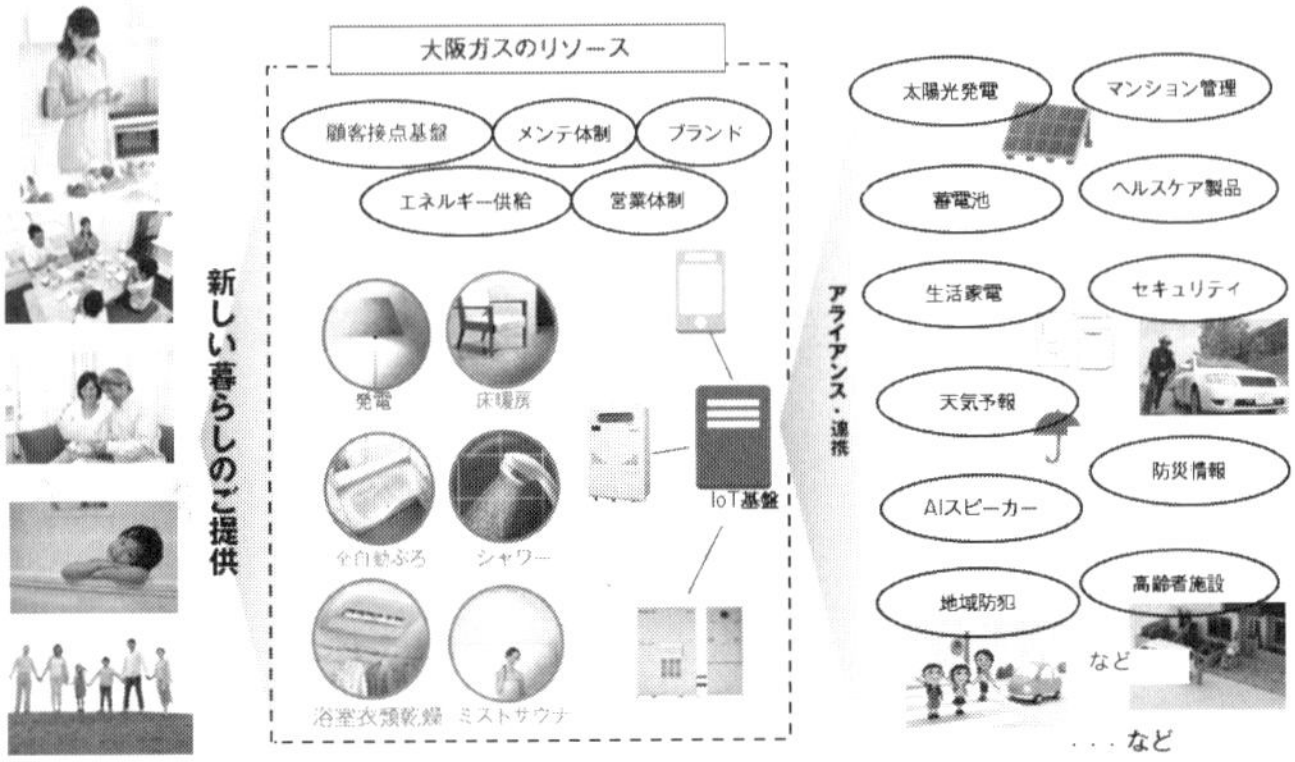

つかむサービスを展開していく。特に今後は、他社の製品やサービスとの連携を強化していくことで新しい付加価値の創出をめざしている。

既にプロジェクトも進んでおり、積水ハウスが開発する高層マンションでの、ＮＴＴ西日本と連携したシステムの導入が具体化している。

「マンションに入居されているお客様から取得した機器の利用データを分析し、入居者の省エネ行動をサポートする取り組みを行っている。ＮＴＴ西日本とは、自宅のテレビを通じて情報を伝える部分でシステム連携している。クラウドサービスの活用事例を持っていたことで、素早く実現することができた。今後は、家電メーカー、自動車メーカー、ＩＴ企業、通信会社など、さまざまな企業との連携を増やしていきたい。何より当社は、現場に作業員が訪問できるネットワークを持っている。ガス会社として、これまで蓄積してきた強みを活かし、さまざまな可能性を模索していきたい」（藤田氏）。

インタビュー 5

KDDI

通信とライフデザインの融合を掲げ、顧客視点に立ったサービス開発とビッグデータ分析技術により、便利で楽しく使い続けられるアプリを実現

2018年10月当時の内容

KDDIは、2016年4月の家庭向け電力小売自由化に合わせて全国を対象としてエネルギー事業へ参入した。参入当初から全国を対象に事業を展開したことは異例だ。同社が展開するauでんきの特徴は、特典とアプリを通じた付帯サービスにある。特典として利用料金に合わせてポイントが付与され、同社の総合通販サイトやQR決済サービスで使うことができる。アプリ開発においては、徹底した顧客視点と対応のスピードを重視している。アプリでは、スマートメーターデータを活用して前日の電力使用量が見えることに加えて、IoT機器を新たに設置することなく、家電別の消費内訳も見ることができる。アプリを継続的に使用してもらうための仕組みにはガチャを取り入れ、通常の倍のアクセス数を実現している。今後は、蓄電池やau HOMEとの連携を図っていく方針だ。

通信業界からのエネルギービジネスへの参入

２０１６年４月の電力小売り全面自由化をきっかけに、さまざまな企業が電力事業に参入するなか、ＫＤＤＩは、当初から全国規模で事業を開始したことで多くの注目を集めた。というのも、ほとんどの新電力が首都圏や東名阪などエリア限定的に開始していたからである。この点について、同社のライフデザイン事業本部　エネルギービジネス本部　エネルギービジネス企画部長の都築氏は、「ＫＤＤＩは、主軸の通信事業が既に全国一律でサービスを展開しているため、エネルギーだけをエリア限定にすることは考えられなかった」と振り返る。

同社は、「通信とライフデザインの融合」という方針のもと、金融やコマースなどと並んで、エネルギーを構成要素のひとつと位置付けて展開。エネルギービジネスの参入にあたっては、事業基盤であるＩＣＴを活用した、より効率的で、より利便性の高いエネルギーサービスの提供、ならびに、お客様の新たな

KDDI 株式会社

- ●住　所　東京都千代田区飯田橋３丁目 10 番 10 号　ガーデンエアタワー
- ●設　立　1984 年 (昭和 59 年) 6月1日創業
- ●資本金　141,852 百万円
- ●売上高　5,080,353 百万円
- ●事業内容　電気通信事業を事業の柱としながら、「通信とライフデザインの融合」を実現し、さらなるお客さま体験価値の向上をめざす。
- ●従業員数　41,996 人（連結ベース）

○個人向けサービス：通信サービス、決済、小売、電力（電力小売販売など）、金融
○企業向けサービス：通信サービス、データセンター事業、電力（電力小売販売など）
○海外事業の展開

〈2019 年 3 月 31 日現在〉

ライフスタイルの創造を目標に掲げている。

同社の電力事業は、大きく2つのモデルがある。ひとつは、関西、中国、北陸、中部、東京における一般電気事業者と連携した「協業モデル（いわゆる代理モデル）」。もうひとつは、自社の「小売電気事業者（PPS）モデル」である。後者の事業展開においては、KDDIが資本を入れる新電力会社のエナリスにて需給調整を担っているところが特徴的だ。販売はサービス仕立ても含めて一律で「auでんき」ブランドとして展開。電気新聞が2018年6月に公表した新電力販売量ランキングでは、低圧分野において同社は全国で第2位にランクインしている。

auでんきの特徴

家庭部門を対象にした低圧分野の料金プランは、MプランとLプランの2本立てだ。Mプランが従量電灯B、Lプランが従量電灯Cに該当する（東京電力エリアの場合）。エリアに応じて一般電気事業者の料金プランと同額に設定し、そこにKDDIならではの「おトク」を上乗せしてお客様にメリットを提供している。もちろん、その「おトク」はａｕの通信利用の契約者であれば、大きくメリットを享受できる。

具体的なａｕでんきの特典は、毎月の利用料金に応じて最大５％相当分を「au WALLET ポイント」で還元すること。還元率は、月の電力料金が４９９９円までは１％だが、５０００～７９９９円においては３％、８０００円以上では５％と段階を分けている。

貯まったポイントの使い方は、ａｕショップでスマートフォンの機種変更や通信利用料金への還元もでき、また、現在、ＫＤＤＩが力を入れている総合通販サイト「au Wowma!」での買い物やＱＲ決済サービスのau PAYで使うこともできる。小売事業を開始した当初の特典は、au WALLET プリペイドカードへのキャッシュバックであったが、２０１８年５月から全面的にポイント還元へ変更した。「ポイントと聞くと少し価値が下がるような印象が昔はあったと思うが、ポイントの利用用途はだいぶ変わってきている。ポイントは、利用方法の選択肢に拡張性があるため、お客様には、おトクを感じていただいている」と都築氏は利用者からの反応に手ごたえを認識している。

アプリに「相当」なこだわり

ＫＤＤＩが他社との差別化と位置付けているのは、顧客接点となるａｕでんきアプリだ。通信事業との連携が基盤となる同社であれば、必然といえるだろう。同社がエネルギービジネスへの参入にあたり「ＩＣＴを活用」と掲げた答えはａｕでんきアプリに実現されている。「お客様に対して電気だけでなくアプリを提供することで、エネルギー活用における新しいライフスタイルを提案する。それこそが我々が参入した意義だ」と都築氏は力を込める。

同社のアプリ開発にあたって重視していることは、スピード感と徹底した顧客視点だ。付加価値を高めるべく、利用者から飽きられたと想定されるコンテンツについては、率直に入れ替えている。同社内では、この入れ替えをあえて「進化させる」と表現する。

本来の電力小売事業におけるアプリとしての基本性能は、もちろん充実させている。スマートメーターからあがってくる前日の電力利用量はもちろん、週・月・年という単位も瞬時に表示させることができる。また、設定画面で家電を登録すれば、家電別の消費内訳も閲覧が可能だ。登録可能な家電は、冷蔵庫、エアコン、テレビ、照明、温水洗浄機、洗濯機の６種類だ。

ここまでは、他社のアプリでも可能な機能だが、特筆すべきは分析機能である。電気利用料については、利用者と同じような属性と比べて、平均的な使用量なのか、または使いすぎなの

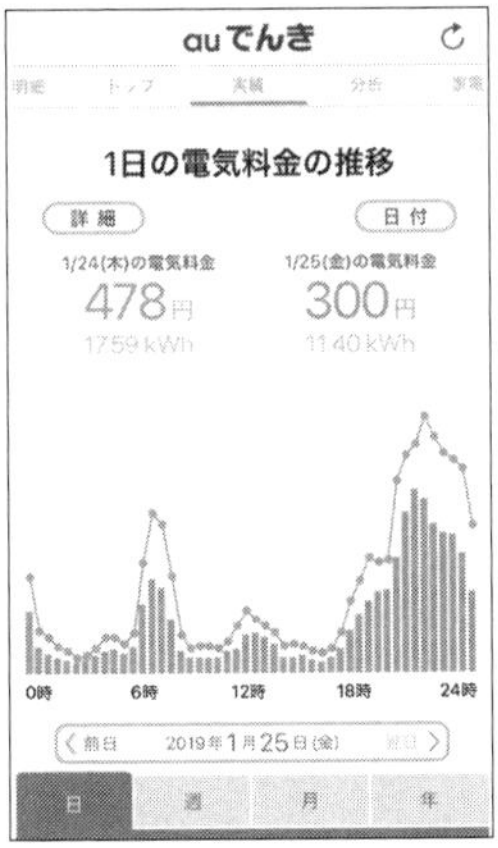

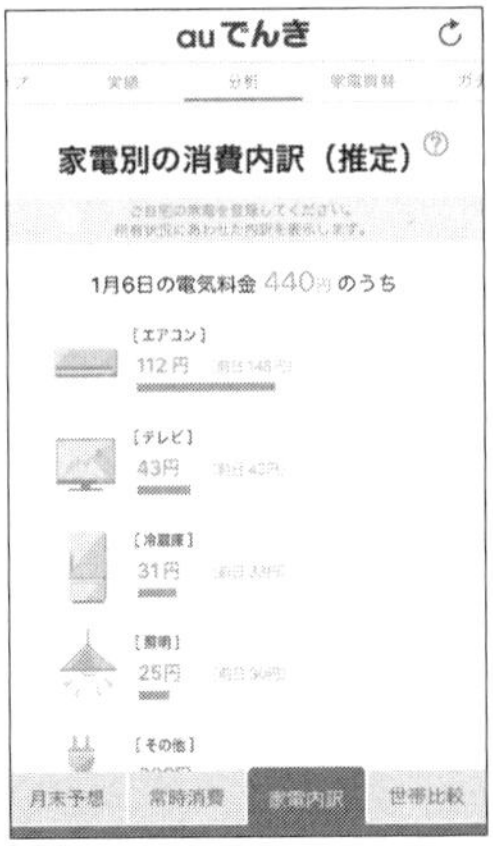

かを把握することができ、省エネを促進することができる。この比較世帯のデータは、モデル家庭として算出したものではなく、利用者と近いエリアに居住している、世帯構成や家の間取りが近い世帯を比較として表示するため、納得度が高い。また、家電別の消費内訳データからは、買い替えシミュレーションができる。例えば、10年前から使用しているエアコンであれば、最新モデルは、どのくらい性能が向上しているかを示し、あわせてau Wowma! のクーポンを利用者に提供することで、購入につなげる流れをつくっている。

これらの分析の背景には、KDDI総合研究所が長年取り組んできたビッグデータ解析技術とノウハウが詰め込まれている。実際、契約者に対するアプリ利用率は、一般的な他アプリと比較しても高い水準にあるという。

電気代を気にしているお客様
電気代を様々な軸（過去比較、時間別、家電別等）で
確認できるようにして、節電につなげてもらう
確認
昨日エアコンをずっと付けてたから
電気代高くなってそうだな
分析
朝と夜が高いから、やっぱりエアコンだな
過去と比較してもエアコンが高くなってる
節電
家族にも協力してもらって節電
確認
節電した分、ちゃんと電気代が下がってる
でも、まだ高いから分析してみよう
電気代を気にしていないお客様
ポジティブな来訪動機を作り、おトクな購買等に
繋げて、アプリを好きになってもらう
動機
電気代が8,000円を超えて
ガチャが回せるようになりました
確認
今月は電気代が結構高くなってるな
ガチャも引けるみたい
行動
ガチャでクーポンが当たったので
買い物をしてみよう！
動機
4月分のポイントバックをしました
ポイントで購入できる商品はこちら

継続的にアプリを使ってもらう仕組み

今では、顧客満足度の高い同社のアプリであるが、アプリを出して1年で一定数の利用はあったものの、電気使用データの提供だけに留まらず、さらなる機能の進化と、より身近なアプリとしてご利用いただきたいという思いがあったという。そこで同社では、アプリ開発の方向性を見定めるべく、利用者を招いてディスカッションを実施し、さまざまな意見を求めた。その結果、利用者の声のひとつ、「アプリを開くとポイントが貯まるなど、何かゲーム感覚のものがあると、よりアプリも見るし、電気への興味も湧く」というコメントに着眼した。「遊び心も大事だと気が付き、ゲームの要素を入れてみようかということになった」（都築氏）。そこから「auでんきガチャ」を設定したところかなりの好評を得た。これは、月内の利用料金1000円ごとに1回、au Wowma!で使えるクーポンが当たるガチャを引く権利が発生するとい

うもの。この仕組みのポイントは、ガチャを引く権利を貯めておくことはできない点にある。例えば、利用料金が１万円になるまで権利を貯めて、まとめて10回ガチャを引くことはできない。１０００円のときに与えられた権利を使わないままでいると、その権利は消えてしまい、２０００円の電力料金まで到達した際に、改めて１０００～２０００円分の１回分を引く権利が得られる。つまり、利用者は、定期的に自分の利用料金をアプリで確認することになるのだ。これによりアプリへのアクセス数が倍に増えたという。

利用者の立場に立った停電情報の提供

また、同社のアプリでは、全国の停電情報を公開するという、思い切った対応をしている。これは、同社がサービスインした２０１６年４月に熊本地震が発生したことに起因する。当時、大きな被害のあった地域も既に利用者がいた。「私たちは、どうすることもできないもどかしさがあった。何かしなければということで、減免措置を実施し、そのうえで最も心配であろう停電情報は、事業者の垣根を超えて広く瞬時にご提供したいと考えた」（都築氏）。

停電情報は、これまで利用者が一般電気事業者のホームページなどへアクセスして確認する必要があり、また、確認にも自身の住所エリアを検索するなど、手間があった。これを何とかしなければということで取り組んだのが、この停電情報の提供だ。情報ソースは、一般電気事業者が公表している情報に加えて、ＫＤＤＩのパートナー事業者が個別に入手した細かい情報を掲載している。停電情報は、全国の情報が掲載されるので、災害時には、自分の居場所だけでなく、例えば、郷里の状況などを確認することができる。また、自分の住所エリアが停電したときには、ａｕでんきアプリのトップ画面にお知らせを表示してくれる。エネルギーというライフラインに携わる企業として、利用者のさまざまな状況をイメージし、対応を進化させる同社の真摯な姿勢がうかがえる。

今後の展望

２０１９年以降、太陽光発電固定買取制度が順次満了を迎えるが、初年度は50万件が該当する。同社では、２０１６年からＶＰＰ実証事業に取り組んでおり、固定買取制度満了後に、蓄電池の普及がどのように普及してくるのか注視しているという。「蓄電池は、今後市場の中でどのように創出されてくるかがポイントになるので、どうマネタイズできるかを検討中だ。家庭の蓄電池から電力融通してＫＤＤＩが買い取り、他の利用者に提供するフローは最もイメージしやすく、これが可能になれば、ビジネスの幅が広がることは必至。ＶＰＰは、イノベーションを起こすきっかけとなるだろう」と都築氏は語る。そのためにも、規制、価格設定、利用者の反応などの課題を一つひとつ着実に解決していく方針だ。

また、家庭での家電制御技術にも注力を忘れていない。au HOMEとも連携を深め、通信事業を持つ同社ならではの、大きな付加価値となる可能性が高い。これまで培った顧客接点のノウハウと絡めて、利用者のライフデザインを想像する新しい事業展開を見定めている。

コラム

「エネルギーの自由化が私たちにもたらしたもの」

株式会社電通 エネルギー自由化チームDEMS 小高 和彦

私たちは日ごろ、コミュニケーションの視座から、広告やマーケティングといったお仕事をさせていただいています。そのなかで、一般的にマーケティングというと、そのアプローチにおいては、まず「経済的合理性」という考え方をベースに置くのが基本となっています。一言でいえば、「人間は常に自己の利益を最大化するように意思決定する」ことを前提とするわけです。もちろん「経済的合理性」が行動を説明するものとして妥当なケースは数多くあります。しかしながら一方で、それだけでは説明がつかない分野が存在することも事実です。実は、本書のテーマでもある電力もそのひとつといえるのではないかと思います。ですので、ここでは、今日の日本にあって特徴的なこのマーケットにおいて、人の心を動かすことがいかに難しいのか、その不思議についてお話ししたいと思います。

早速ですが、みなさんは電気契約について、このような感覚に心当たりはないでしょうか。

「これまでも電気で不便な暮らしはしていないし、特に電気代で生活費を脅かされるといったこともない。であればこのままでいいのかも」。

日常の中でつい見過ごされがちですが、このような心持ちは知らず知らずのうちに今の私たちの中に染み着いています。加えて厄介なことにこの感覚、時間を経るにつれて自ら好きでそうしているのだという思いにすり替わっていくシロモノなのです。

最初はごくささやかなものであったとしても、人は次第に「これでいい」、「これがいい」と思いを強めるようになります。つまり、無意識のうちに自己の選択を正当化してしまうのです。結果、契約を続けることについて、あれこれ考慮しなくなっている生活者が、気づけばそこかしこにいるといった状況が生まれます。

実際のところ、その一連の過程において私たちは、能動的な決断を繰り返しているわけではなく、あらかじめ与えられた環境に促されるまま毎月の支払いを重ね現在に至っているわけなのですが、一方で自分自身のなかでは、「これまでに何度も同じ決断をしてきたのだから、これは理にかなったお金の使い道だ」と図らずも必要以上に思い込んでしまいます。

もちろんお金を払う以上、その金額に関係なく、私たちは、なんらかの精神的な痛みを感じています。ただ、これも特徴があって、最初の支払いからくる痛みが一番大きく、それ以降、同規模の額を支払い続けるにつれ、その痛みは小さくなっていきます（これを「感応度の逓減《ていげん》性」と呼びます）。つまり、電気のように毎月支払が発生し、実際に支払続けている公共的なサービスに対し、出費の痛みというものを極端に感じづらくなってしまっているのが今の私たちです。

人はあらゆる金銭に対し、自分自身の内に「心の家計簿」を持ちますが、電気の出費に伴う心理的痛みは、その家計簿の中ではごくわずかなものとして無自覚に処理されるようになっています。そんな人たちにとってすれば「安くならないこと」は、今すぐの困りごとではありません。これまでの自身の習慣や思い込みが揺らがされることこそ、できることなら避けて通りたい面倒ごとなのです。

これらは、過去にわたって自分が支払った記憶と過去の決断との一貫性を維持したいという無意識下の願望によるところが大きいのかもしれません。ただ、ひとついえることとして、自己を取り巻く初期の環境や原体験の持つ力は、その後、何年にもわたって未来の決断に影響を与えるほど長く後を引くのです。

またこのことは、人間が失うことを本質的に恐れる生き物であるという側面からも語ることができます。決断を保留し、現状維持（ペンディング）を選べば、目に見えて何かを失う心配はひとまずありません。ところが、新しいものを選ぶと、まずい選択をしたかもしれないというリスクがどうしても残る。現状維持の魅力は、恐れとも結びついているのです。

このように、心をめぐる「決断の錯覚」によって、「送り手の推定する価値と、受け手が評価する価値が違う」という価値観のすれ違いが生まれます。

改めて生活者にとってお金というのは、その経済的なパワーもさることながら、心理的に及ぼす影響において特別な存在であるといえるでしょう。

また一方で、社会的な世界と市場的な世界、その両方の住人でいることが、私たちにさまざまな影響を及ぼしているという見方もあります。

元来、電力自由化を迎えるまでの日本は、電力会社（既存の旧電力）と生活者との関係が社会的な交流によって成り立っていました。日本という国に生まれ、物心ついたときから自分の生活の中には電気があり、日々の暮らしを支えてくれている身近な存在として受け入れています。電気代を生活に必要な基本支出として、およそ無条件に認めており、目くじらを立てるといったこともまずありません。それを裏付けるように、ご家庭の電気料金を明確に把握していないという方は、みなさんの周りでも少なくないのではないでしょうか。

また当時は、電力会社の選択肢など存在しなかったからこそ、ベネフィットとリスクに関係なく、馴染《なじ》みの会社というだけで、生活者と電力会社との間には社会的な絆、ロイヤルティによる結びつきが生まれやすい環境だったのだと思います。

だからこそ各社ともに信頼や安心・安全を何よりも大切にしてきました。信用は貴重な公共財であり、これを失うとすべての関係者にとって、長期的にはマイナスの結果となり得るからです。加えて、電力不足や停電といった日々の経験を通じて、電気は（まるで大皿にのった食べ物のように）共有資源であるという意識が常にあります。これも電気に対する意識を社会的な領域に留めている大きな要因といえます。

ところが、そんな世界に、自由化とともに市場的な価値観が押し寄せて来ました。途端に各社は、電気の安さやお得など経済的ベネフィットを訴え、生活者を振り向かせようとします。ですが、私たちが、それを積極的に望み受け入れるかどうかは別の話です。

これまでそういった目で見ていなかった対象からお金を意識させられるとわかった時点で、人は身構え、委縮し、慎重になります。そして、すぐさま心の扉を閉ざし、自己意識のフォルダから外へと押しやってしまうのです。

そんな相手に電気の相場をどれだけ熱く語ったところで、聞かされている側からすれば見過ごしたいお題なわけですから糠《ぬか》に釘《くぎ》です。結果として人の心を動かす方法としては、電気代の話をするのが最も骨の折れるやり方ということになります。つまり、社会的な世界と市場的な世界、2つの世界に住む私たちにとっては、市場的ではなく社会的な価値観でつながることが需要であり、もし企業がそこで釣果を求めるのであれば、お金の尺度から一定の距離をとることが得策なのです。

値段を持ち出さず、不明瞭にすること。生活者と電気との関係性や距離感をできる限り保ちながら、別の価値軸でアプローチすること。それが生活者をこれまでどおりの社会的な関係性に留まらせるための楔《くさび》となります。

改めて電力という分野が、社会的にも、そして生活者心理的にもとりわけ特別な存在であることはご理解いただけたかと思いますが、もしそうであるとすれば、電気というものは、これから先いつまでも私たち生活者にとってのいわゆるホットイシューにはなり得ないのでしょうか。

これに関する私の考えはノーです。

もしも一インフラとしての経済的側面を提示することに固執せず、新たなイノベーションによって電気に新鮮な魅力を付与することができれば、人と電気は、より豊かな関係性を築いていくことができると信じています。

それにはオープンであること、両者の対等性が重要です。テクノロジーも民主化が進むなかで、電力という分野でも、よりフィジカルに人がコネクトできる場や、そこで体験できる価値を生み出すことができれば、私たちにとって電気は、もっと近しい存在になれるはずです。

世界が電子商取引（キャッシュレス）の時代を迎えようとしている今、ブロックチェーンもひとつの大きな可能性かもしれません。ブロックチェーンによって、これまで特定の管理者のガバナンスに依っていたエネルギーが、当事者間での自由な取引として生まれ変わります。そこでやり取りされるエネルギーデータが私たちの「心の家計簿」と照らし合わされたとき、そこには果たしてどんな発見があり、そこからどんな価値が生まれるのでしょう。

「データが次代の石油である」と言いますが、エネルギーに新たな価値や魅力が加わり、新たなステージに向けたアイデンティティの継承がなされたときこそ、電力市場が新たに生まれ変わる瞬間ではないでしょうか。

インタビュー6

エンコアードジャパン（ソフトバンクグループ）

２０１８年10月当時の内容

幅広いＩｏＴ機器に対応するプラットフォームを提供
ＡＩによる電力と生活環境データ解析をもとに、
お客様にあわせた独自のサービスを開発

エンコアードジャパンは、２０１６年に設立した気鋭の事業者だ。資本の50・１％をソフトバンクが保有し、ＳＢパワーなどソフトバンクグループとのシナジーも見込む。エンコアードジャパンの強みは、上流から下流までを一気通貫で持つことだ。これにより、製品・サービスの展開スピードとフレキシビリティを両立している。エンコアードジャパンのＩｏＴサービスの特徴のひとつは、電気に関する情報を収集・利用しつつも、宅内温度や扉の動作など居住者の動線に関するサービスを展開している点だ。ＩｏＴセンサーの多様な組み合わせにより、これまでにない新しいサービスの創出を狙っている。

米国、韓国で実績の高いエンコアードにソフトバンクが出資、共同事業体を設立

ソフトバンクは2016年4月の電力小売全面自由化を契機に、グループ傘下のSBパワーを通じて家庭向け電力小売事業を開始。その後もエネルギー起点の新サービスを開発するため、パートナー候補を検討していた。国内だけでなく米国や欧州など海外企業も候補に入れ、検討を重ねた結果、米国、韓国をはじめグローバルで10万世帯以上にエネルギーデータを使ったプラットフォームサービスを展開するエンコアード（Encored, Inc.）が最も適すると判断。エンコアードもソフトバンクが出資を行うことで共同展開することに合意、エンコアードジャパンの設立に至った。

エンコアードジャパンは、株式の50・1％をソフトバンクが取得する、同社のグループ会社だ。エネルギーIoT／ビッグデータ関連製品・ソフトウェア及びサービスの開発・販売・輸出入を主な事業内容とする。組織体制は、ソフトバンクから出向、または兼務する社員が業務にあたっている。前述のSBパワーは、エンコアード

エンコアードジャパン株式会社

●住　　所　東京都港区東新橋1-9-2
●設　　立　2016年1月4日
●資 本 金　3億円（2017年7月末現在）
●事業内容　ビッグデータ関連製品・ソフトウェア及びサービスの開発・販売及び輸出入エネルギーIoTプラットフォーム事業として、ENERTALK、ENERTALK to UCHを展開。エンコアードジャパンはB to B to C事業モデルであり、ビジネスパートナーに対してエネトークやハードウェア、プラットフォームを提供し、ビジネスパートナーがユーザーにサービスを提供する。主に事業所向けおよび家庭向けサービスを展開する。

ジャパンの事業とシナジーが見込めるため、「2社が共同で事業を進められる利点がある」と中野氏は語る。

強みは上流から下流まで一気通貫できる組織体制

エンコアードジャパンは、自社グループでプロダクトやアプリの企画から設計、開発、さらに販売まで手掛けることができる。いわば生産の上流から下流まで一気通貫できることが同社の強みである。特に販売においては、ソフトバンクが有するセールスチャネルを活用できる。

パートナーやエンドユーザーである家庭のニーズをすくい上げるだけでなく、ニーズに応じたサービスやアプリを、ノンストップで迅速に、かつミニマムコストで開発することができる。電力情報分離技術、電力使用量推定技術、電力情報をもとにユーザカスタマイズされた広告を提供するシステムなど多数の特許を保有。また、アプリ上で手軽に参加可能なコンシューマ向けのデマンドレスポンスシステムも特許を出願している状況である。独自のＡＩを用いて、蓄積した家庭内のビッグデータを解析し、サービスを進化し続けることができる。

エネトークアプリ

電力使用量センサーと生活環境センサーでデータを収集し、アプリを通じて情報を提供

家庭には、標準サービスとして、節電アドバイス、家電コントローラーを用いた最適制御、家族の在宅確認ができる安心サポート、簡易セキュリティを提供する。

まず、家庭内に電力データを計測する「エネトーク」と、1台で温度、湿度、照度、加速度を測ることができるセンサー「エネトークタッチ」を設置する。エネトークは分電盤内に設置し、1秒単位で電力データを取得する機能を持つ（設置には第2種電気工事士以上の資格が必要）。エネトークタッチは、玄関ドアや浴室ドア、窓、トイレドアなどさまざまな場所に設置することができる。エネトークから取得した電力データやエネトークタッチから得られた各種データを解析した情報を表示するのがエネトークアプリだ。精度の高い電力データや生活環境データを掛け合わせることで、家電使用状況や生活パターンを予測し、多様なサービスを提供してくれ

エネトーク（電力 IoT センサー）

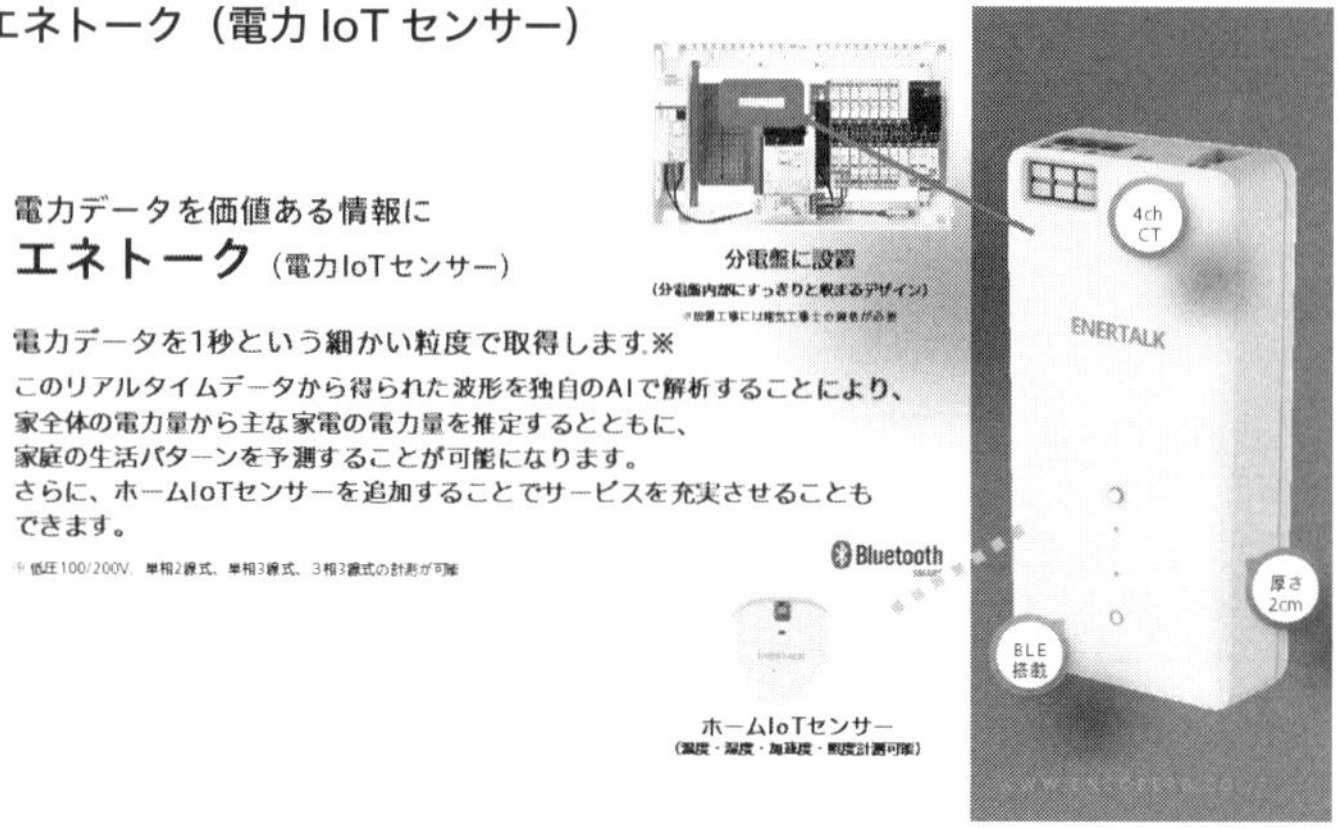
電力データを価値ある情報に
エネトーク（電力IoTセンサー）
電力データを1秒という細かい粒度で取得します.※
このリアルタイムデータから得られた波形を独自のAIで解析することにより、
家全体の電力量から主な家電の電力量を推定するとともに、
家庭の生活パターンを予測することが可能になります。
さらに、ホームIoTセンサーを追加することでサービスを充実させることも
できます。
※ 低圧100/200V、単相2線式、単相3線式、3相3線式の計測が可能
分電盤に設置
(分電盤内部にすっきりと収まるデザイン)
4ch CT
ENERTALK
Bluetooth
厚さ 2cm
BLE 搭載
ホームIoTセンサー
(温度・湿度・加速度・照度計測可能)

る。

エネトークの内蔵チップは、スマートメーターと同等の性能を有し、単相２線、単相３線、３相３線式に対応。家庭だけでなく、飲食店など低圧事業者向けにも使うことができる。

データ送信に関しては、エネトークタッチとエネトークはBlue tooth接続、クラウド上のＡＩエンジンにはWi-Fiを利用。エネトークタッチについて中野氏は、「この大きさで、温度、湿度、照度、加速度の４つの機能が入っている製品は、なかなか見つけられない。類似品に比べて価格も半分程度」と優位性を認識している。加えて、特徴のひとつとして、家電が動いているかどうかをリアルタイムで把握することができる点がある。これまでの家電コントローラーは、外部から家電をＯＮすることはできるが、実際に動作しているかどうかが判らない場合が多かった。エンコ

宅内設置例

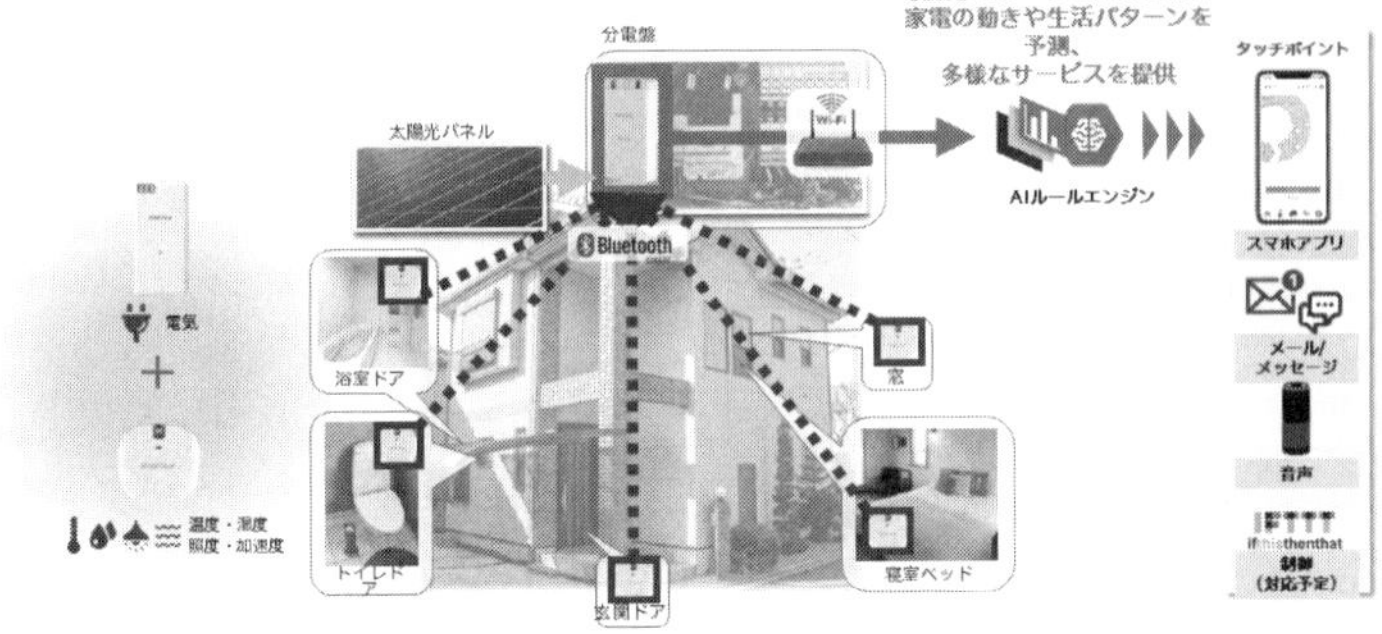

アードジャパンのプロダクトは、電源のＯＮ・ＯＦＦを電力使用量の変化として検知することができるため、家電の稼働状況がわかる（家電コントロールには、別売りのスマート家電コントローラーが必要）。

IoTセンサーの多様な組み合わせで、これまでにない新しいサービスが生まれる

エネトークタッチは自由に追加し、自由に組み合わせることができる。つまり、新しい使い方や新しいサービスを生み出すことができる。しかも同じアプリ上で動かせるため拡張性が高い上に使い勝手がよい。これは差別化要素になるだろう。例えば、エネトークタッチを使うことで玄関ドアの開閉がわかる。家族が帰宅した際にメールやプッシュ通知するよう設定しておけば、気がかりな家族の帰宅確認を遠方にいてもメールやプッシュ通知で確認することができる。ここに電力使用量がわかるエネトークを組み合わせることで、在宅し

ているかどうか、電気を使っているかどうかがリアルタイムでわかる。こうしたきめ細かな見える化は、子供を持つ家族や、一人暮らしの高齢者の親を持つ家庭には嬉しいサービスだろう。実際、子供のいる社員の多くが、自社のサービスを使って便利さを実感しているという。

新しいサービスを次々と展開し続ける

エンコアードジャパンでは、日々新しいサービスを創り続けている。最新機能であるデマンドレスポンス（DR）は、パートナー（事業者）さまが電力需要の抑制を促したい時間帯に、スマートフォンアプリを通じてユーザーへ節電要請可能な「事業者DR」とユーザー自らが節電日時を事前予約する「マイDR」を機能が実装されている（2018年11月現在特許出願中）。

このDR機能は、節電量に応じて付与されるポイントを貯めて賞品などに交換できるサービスなど、パートナー（事業者）さまが自社のサービス拡充に活用できる仕組みを提供する。

また、家庭内の温湿度データをもとにした熱中症予防通知サービスを進化させ、家庭内の2点間の温度を計測・比較したヒートショック検知機能を追加した。このヒートショック検知機能は、ある住宅メーカーのお客様から「こんなことできない？」といったリクエストをもとにつくったという。まさに、企画から生産・販売まで一気通貫できる強みを活かしてつくられたサービスだ。さらには、利用者がアプリ上で機能を選択すると、登録家庭に専門スタッフが駆けつけ、自宅の様子を外部から確認することができるという、駆けつけサービスも提供を開始している。これもお客様の声から生まれたものだ。

サービスの特徴を見ていて気が付くのは、電気をベースとしながらも、必ずしも電気に特化していない点だ。電力データは、家庭のベースとなる情報として取得しつつも、生活環境データや人の動きに関するデータに幅広く対応することで、「家の中のあらゆるサービスを提供していくプラットフォームになっていく。生活全般をサポートするアプリのイメージに近い」と中野氏は話す。

事業モデルはB to B to C

エンコアードジャパンの事業の特徴は、B to B to Cであることだ。同社の直接の顧客は、事業者（パートナー）であり、コンシューマ（家庭）に対しては、パートナーがサービスを提供する。

パートナーは、例えば、マンションデベロッパーやハウスメーカー、介護施設などだ。エンコアードジャパンがパートナー向けに提供するのは、エネトークやエネトークタッチといった

ＩｏＴデバイスと、顧客管理・分析ツールを乗せたプラットフォーム、アンケート機能を含むアプリなどのタッチポイントである。

パートナー向けに提供する顧客管理・分析機能を活用する際は、パートナーである企業がサービスを提供する家庭から利用許可の承諾を取る必要があるが、事業上の利便性は極めて高いと思われる。例えば、マンション管理会社であれば、組合会合が今週末にあることを居住者に通知することもできる。スーパーの割引セールを通知するなど、広告媒体としても使える。アンケート機能を通じて、家庭からアンケートを取ることもできる。このアンケート機能は、ポイント機能と組み合わせることも可能だ。「ここまで可能にするプレイヤーは、まだいないのではないか」と中野氏は自信をのぞかせる。

親会社のソフトバンクはＢ to Ｂ to Ｃ、Ｂ to Ｃ、Ｂ to Ｂのすべてを手掛けている。しかし、エンコアードジャパンにとっては「Ｂ to Ｃは、そんなに簡単ではない」（中野氏）と慎重姿勢を崩さない。

「Ｂ to Ｃで売れている商材の条件のひとつはわかりやすさ。よりサービスを高度化しようとすると説明商材になってしまう。これは、コンシューマビジネスにとっては必ずしも好ましくない」と分析する。とはいえ、その布石は着々と打っており、Ｂ to Ｃ商材は２０１９年内に投入する予定だ。

ビジネスモデル

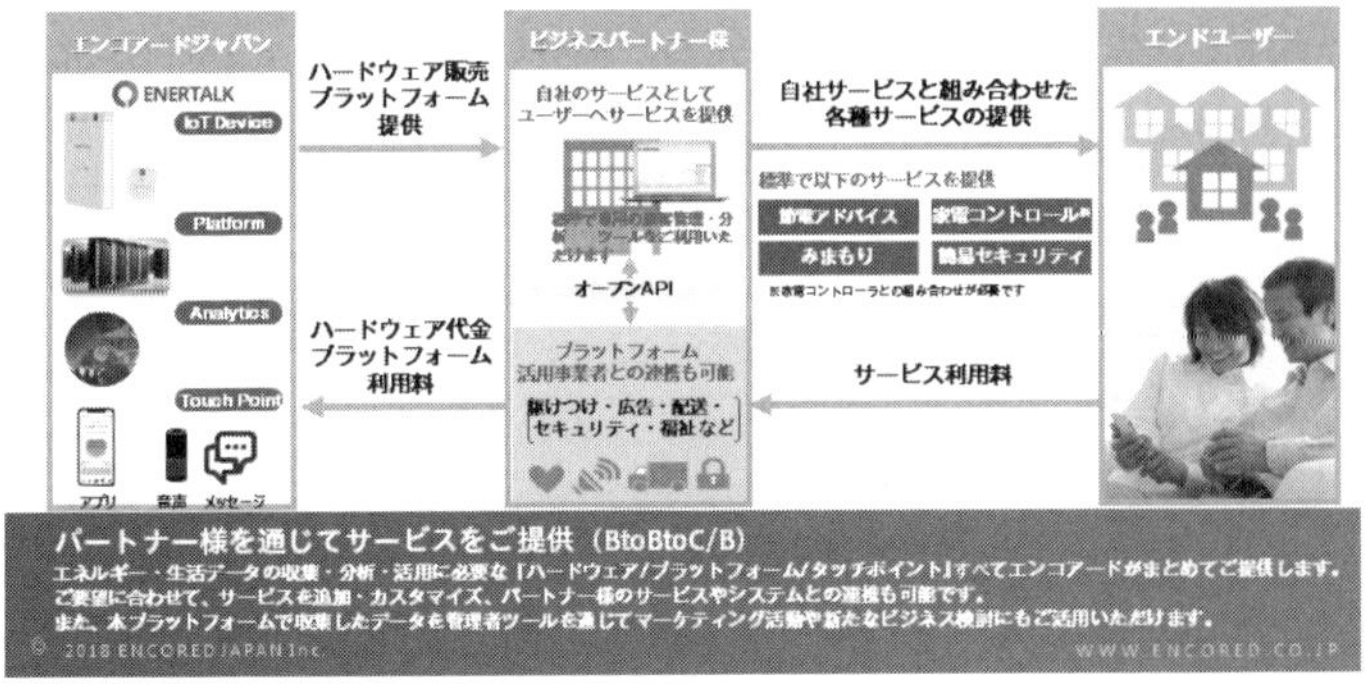

ＩｏＴ商材の難しさは価格と機能のバランス

中野氏によると、ＩｏＴ商材を本格的に普及させるには依然として課題があるという。「生活を便利にするものではあるが、マストな商材ではないので、月額１０００円を超えると売れないと見ている。市場に展開する場合は、ＨＥＭＳの代わりなら（エンコアードジャパンの標準価格は）10分の1程度なので違和感がないが、本当に普及させたいと思ったら、もっと価格を下げて、より簡単にしないといけない」。これまで同社が手掛けてきたのは、ＨＥＭＳの代替にもなるハイエンドモデルとも言える位置づけだった。今後、より簡単に、より多くの顧客層に使ってもらえるよう、ターゲットによってラインナップを拡充する方針だ。

標準サービス①

節電アドバイス
1か月の電気代(または電力量)の目標を設定し、進捗をチェック
アプリ上で使用ペースを表示
今月
残り
7%
毎週日曜に進捗をお知らせ
※表示イメージ
家電の最適制御(※)
※スマート家電コントローラ(RS-WFIREX3)との組み合わせで実現
エアコン
照明
TV
602.0mW
アプリ上で家電をコントロール、部屋を最適な状態に維持
同時に電気の使用状況も確認
※表示イメージ

マーケットはアーリーアダプターへの展開が始まったばかり

中野氏は「一番大切なのは広く多くの方に使っていただくことだ」と語る。「もともとIoT商材は、すぐ売れるようなものではないが、一方でアーリーアダプターは必ず存在する。そのような方にまず先頭を走っていただき、インフルエンサーになっていただくことも必要だと思う」。エンコアードジャパンは、横浜市住宅供給公社が手掛ける大型の新築分譲マンションに、エネトークと家電コントローラーを導入している。実際に使っているユーザーからは次々とフィードバックが届く。例えば、「共働きの家庭では、互いの帰宅状態がわかるようになって便利になった」と言う声。「夏暑い日には、エアコンを外部から付けられて、しかも動作が確認できて便利になった」と言う声。こうした家庭から届く声を、今後のサービス開発に活用していくだけでなく、いかに拡散していくかが鍵となる。

標準サービス②
ユーザー様向け
家族の安心サポート
簡易セキュリティ
心配なときに、いつでも電話やメールでつながる
もしものときの"駆け付けサービス"を
オプションで用意
お子様の帰宅や宅内状態をスマホへ通知
留守時や就寝時にセンサーが異常を検知
表示イメージ
みまもりサービス
表示イメージ

今後の展開

今後の展望のひとつとして、ＳＢパワーと一緒になった利用ユーザー間のコミュニティ形成まで視野に入れている。アプリの中にアンケートに回答するとポイントが付与される仕組みが入っているが、プラットフォームの中でポイントを使ったり、提携先の他社ポイントに変換したりすることも今後検討していく。国内ＩｏＴ市場を大きくするためには、デバイスを展開するだけでは十分でない。常に新しい仕組みやサービスを提供していかなければならない。

そのための技術的な取り組みについては、「ブロックチェーンなどを実際に使ったサービス展開となると２０２０年までには厳しいかもしれないが、そう遠くない将来に十分実現可能である」と展望している。普及台数の桁を変えていくために、技術開発を追究すると同時に、お

客様の生活をより便利にするサービス開発に時間をかけていく方針だ。

中野氏は、「日本は社会課題の先進国。ＩｏＴを活用して、どのように社会課題を解決していくのか、高齢者や一人暮らしの層などに対して、エンコアードジャパンがどういうソリューションを提供していけるのか、自分たちの役割を意識している」と言う。「３カ月後、１年後には、まったく違うものが出来上がるぐらいのつもりで製品やサービスを日々進化させ、お客様に本当に喜んでいただける商材にしていきたい」とサービス開発の姿を語った。

インタビュー

7

大和ハウス工業

コネクティドホームブランド「ダイワコネクト」を発表 IoT機器やAIアシスタントを活用し、これまで得られたノウハウを結集

2018年11月当時の内容

大和ハウス工業(本社大阪市)のIoTに対する取り組みは20年以上前にさかのぼる。主力商品の「xevo Σ(ジーヴォシグマ)」では、東日本大震災を教訓にZEHに加えて耐震性能を大幅に向上。蓄電池やエネファームを組み合わせることで、より災害に強い住宅を実現している。2017年に参画したスマートホームに関する実証実験では、さまざまなIoT機器や家電を一括して操作できる技術を構築。モニター家庭の声を踏まえて、複数サービスをまとめて操作できる機能と、生活がちょっと便利になるシンプルなサービス提供が鍵と見定めた。近年はコネクティドホームブランド「ダイワコネクト」を発表。IoT機器やAIアシスタントを活用し、これまで得られたノウハウを結集。例えば、声でシャッターや照明をコントロールできるなど、居住者の暮らしのシーンに応じて有機的に動作する部屋を具現化した。今後は、建物と居住者の健康にフォーカスした機能を追加していく方針だ。

進化しつづける住宅

住宅メーカー大手の大和ハウス工業は、社会環境の変化を捉えながら、快適性、環境性、耐久性の3つの側面で住宅の性能を進化させてきた。2005年の創業50周年記念商品として発売された「センテナリアン」は、「健康配慮住宅」をコンセプトとし、構造躯体《くたい》までを断熱する外張り断熱を採用した。翌2006年に発売した「xevo（ジーヴォ）」シリーズの中でも環境性能に特に力を入れた「xevoYU（ジーヴォ・ユウ）」では、ゼロエネルギー住宅であることを示すZEH（ゼッチ）を同社では初めて提唱。太陽光パネルが多く設置できる「ハイブリッドエコロジールーフ」を採用しつつ、屋根裏を大型収納として利用可能にした。快適性だけでなく、環境性や耐久性も実現している。

現在の主力商品である「xevo Σ（ジーヴォシグマ）」

大和ハウス工業株式会社

●住　所　大阪市北区梅田3丁目3番5号
●設　立　1955年4月5日創業、1947年3月4日設立
●資本金　1,616億9,920万1,496円
●売上高　1,925,518百万円（2019年3月期）※単体
●事業内容　建築事業、都市開発事業、海外事業、その他（環境エネルギー事業、医療・介護ロボットの販売など）
●従業員数　単体16,670名（2019年4月1日現在）
連結46,061名（2019年3月末現在）

○建築事業　【住宅系】戸建住宅（注文住宅・分譲住宅）、賃貸住宅（アパート・寮・社宅）、分譲マンションなどの企画・設計・施工・販売、別荘地の販売
【建築系】商業施設（店舗・ショッピングセンター）、物流施設（物流センター・配送センター・食品施設）、医療・介護施設、法人施設（事務所・ショールーム）の企画・設計・施工・リフォーム　○都市開発事業　宅地・工業団地の企画・設計・施工・販売、再開発事業　○海外事業　不動産開発事業　○その他　環境エネルギー事業、医療・介護ロボットの販売など

全天候型3電池連携システム｜通常稼働時のしくみ

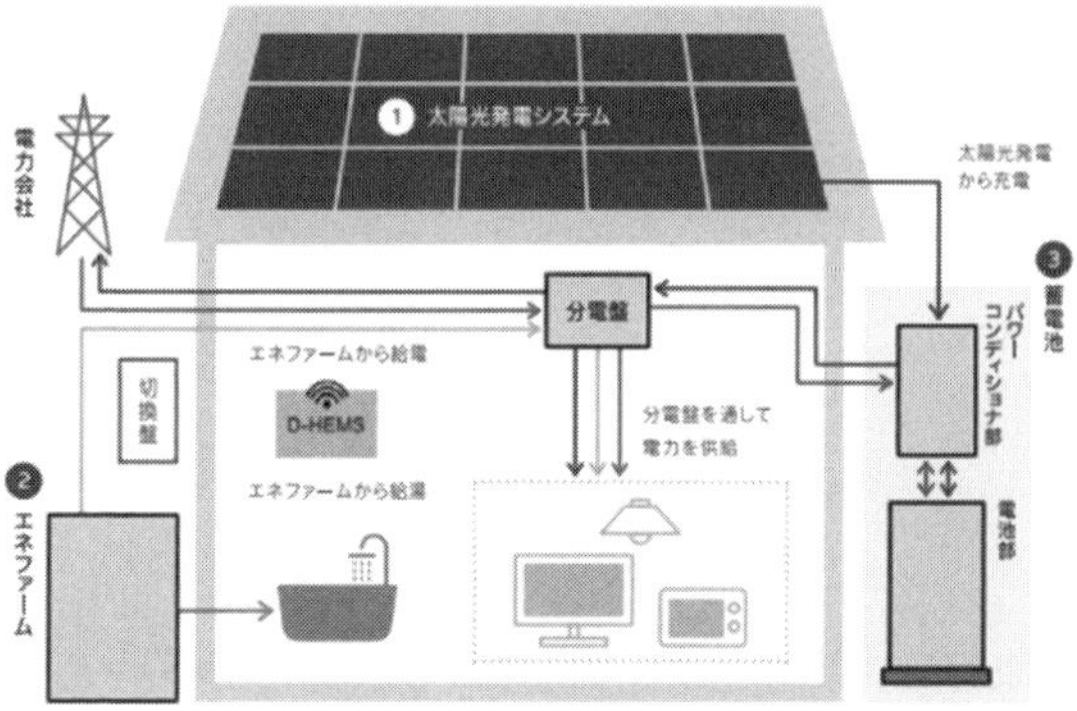

通常稼働時には、買電や①太陽光発電と②エネファームでつくった電力を使用。
電力不足時には③蓄電池に貯めた電力を放電。余った電力※は電力会社に売ることができます。

では、東日本大震災を教訓に繰り返し発生する巨大地震と余震を想定した耐震構造に刷新。繰り返しの揺れに耐えられる基本性能を持つ、より災害に強い住宅へと進化。天井高をアピールした独特のＣＭで印象的だ。２０１８年10月には、住宅性能の最高峰をめざした新商品「xevo Σ PREMIUM」を発表している。

蓄電池とエネファームを積極的に提案

環境への取り組みの部分では、ＺＥＨの普及を推進することはもちろん、蓄電池や家庭用燃料電池エネファームの設置提案を積極的に行っている。設置を薦める理由は、節電のメリットはもちろんだが、災害時に発生する停電対策となる点にある。統計によると、災害で停電が発

生した場合、停電エリアの多くが2日以内に復旧するという。大和ハウス工業が推奨する蓄電池が1台あれば、災害停電時でも、家庭にある主な家電製品を約20時間利用することができる。蓄電池を2台つなげれば、約2日間の生活をサポートすることができる。また、1台の蓄電池に加えて、エネファームを設置することで、約10日間の給湯・暖房が可能になる。

「蓄電池やエネファームの設置で災害時の停電不安を軽減できる。当社では製造メーカーとの提携により、価格を抑えて提案できる体制が整っており、年間3000台以上の蓄電池販売の実績がある。住宅メーカーでは、トップクラスだろう」と大和ハウス工業 本社技術本部 住宅商品開発部 住宅商品戦略グループ グループ長の木口氏は語る。

IoTへ取り組みは20年以上

環境の取り組みと並行し、IoTへの取り組みの歴史は長い。はじまりは未だIoTという言葉が世の中に存在しなかった20年以上前までさかのぼる。２００５年には、「インテリジェンストイレ」をＴＯＴＯとともに開発、発売し、大きな反響を得た。「インテリジェンストイレ」は、暮らす人々に寄り添うサービスとして、トイレの利用者の体重や体脂肪の計測に加えて、血圧や尿糖値までを計測できる機能を搭載。計測したデータを自宅のパソコンと連携させることで、入居者の健康管理を効率化することを可能にした。「当時は、スマートフォンが一般的ではなかったため、ホームネットワークを経由し、パソコンで見る設計とした。住宅設備とパソコンがつながる先進的な取り組みとして、国内だけでなく海外からも多くの注目を集めた」と同社総合技術研究所 新領域技術研究部ＩＴ・ＩＲＴ研究グループ 主任研究員の吉田氏は語る。

家庭を巻き込んだ実証事業から見えてきたこと

２０１７年には、経済産業省が推進するスマートホームに関するデータ活用環境整備推進事業に参画。茨城県つくば市での実証実験では、〝つながる〟仕組みの技術検証を実施した。コネクテッドホームの大きな課題は、さまざまな業界、企業がそれぞれに開発するために、ＩｏＴ機器や家電、設備機器の通信方法が異なり、規格がまちまちな点にある。実証実験では、こ

情報基盤のイメージ

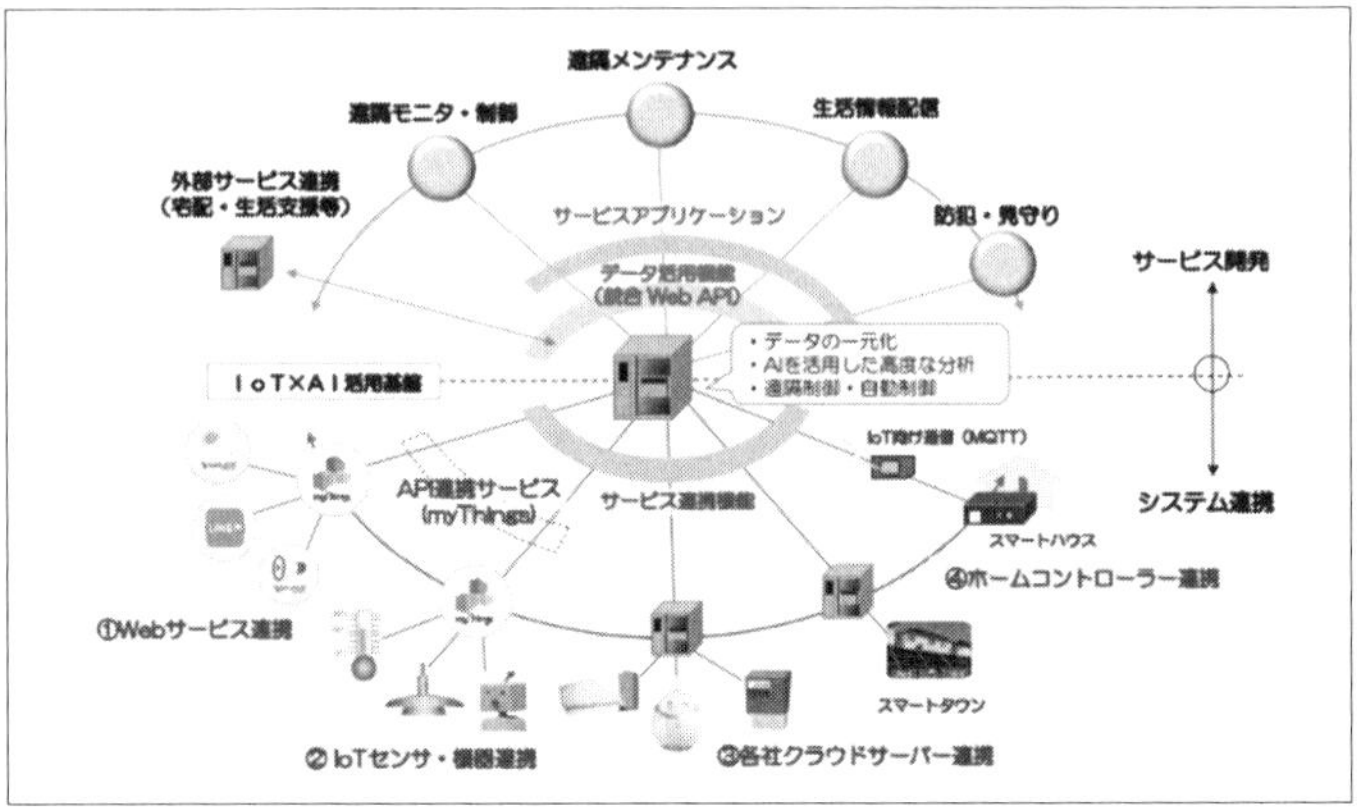

れを一括して操作できる技術を構築し、留守宅の見守りや、コミュニケーションロボットによる音声制御などのサービス開発、連携を容易にした。

モニターとして家庭30件に導入し、実際の生活の中で使用してみた、リアルなサービス評価や施工、保守も含めた課題抽出を行った。「モニター家庭からのアンケート結果では、複数のサービスをまとめて操作できることへの支持が圧倒的に多かった。一方、便利な操作方法については、スマートフォンによる操作、音声操作に評価が分かれた。ユーザーの状況に応じて、最適な操作方法を選べるようにしたうえで、一連で操作できることが顧客の最大のメリットになることを再認識した。住宅メーカーとして、家の中に多くの操作端末を提案できる当社の強みが活かせる」と吉田氏。加えて、アンケート結果からは、音声での天気予報通知や鍵の開閉確認など、基本的な機能が強く支持されていることがわかった。「ＩｏＴ化といっても専門的で高度なサービスを求められているわけではない。生活がちょっと便利になる、シンプルなサービスから提供していくことが大切」と吉田氏は語る。

ＩｏＴ住宅ブランド「Daiwa Connect」

積み上げてきた実績と実証実験の結果をベースに、２０１７年11月にコネクテッドホームブランド「Daiwa Connect（ダイワ コネクト）」を発表した。「つながることで、もっと豊かな暮らしへ」をコンセプトとした「Daiwa Connect」は、家と家電、また家と設備などがつながることで、住む人の暮らしを支え、共働きや高齢化、自然災害などの社会課題の解決をめざしている。

「社会環境が変化するなかで、よりお客様とつながり続ける会社になるために生まれたのが「Daiwa Connect」。具体的には、ＩｏＴ機器やＡＩアシスタント「Google Home」を活用したコネクト環境の整備、ライフシーンコンサルティング、リスクに対するマネジメントの３つの価値を提供していく。将来的には、「Daiwa Connect」の搭載率50％をめざしていきたい」（木口氏）。

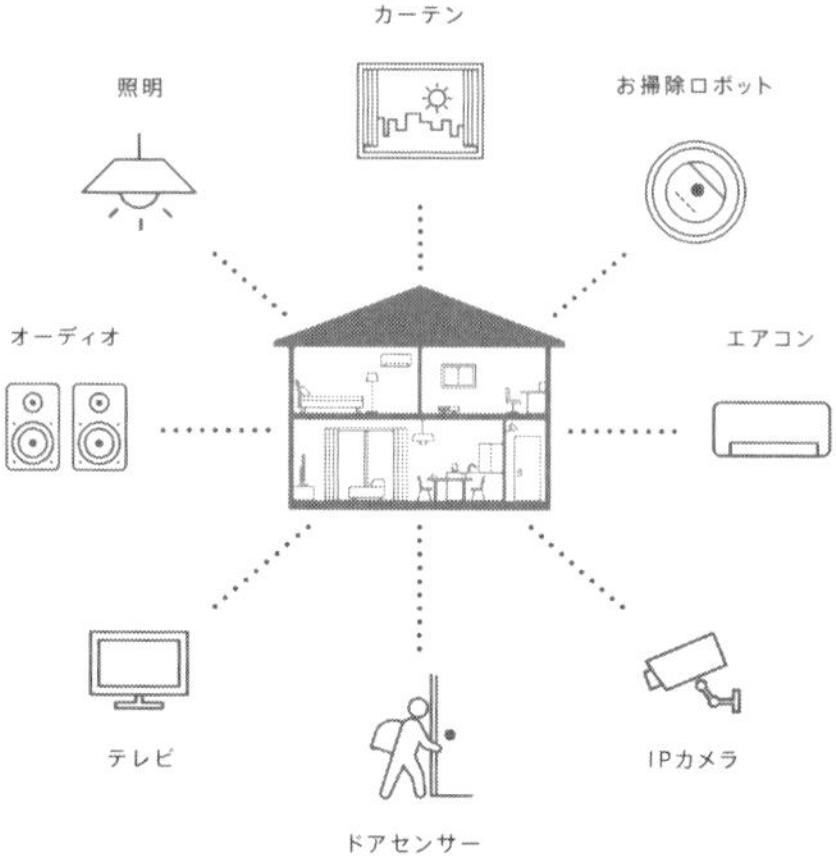

実際に「Daiwa Connect」がある住宅での生活シーンを体験できる展示場を東京の渋谷、大阪の千里から全国へ展開を広げていっている。加えてコンセプトムービーを制作するなど体感してもらい、良さを感じてもらえるプロモーションを展開している。プロモーションのターゲットは、住宅を購入する層だけではない。「さまざまなサービスを実現するには、自社だけではできないことが多い。実現したい世界観を展示場や動画で可視化することで、家を買う人だけでなく、メーカーさんサプライヤーさんなどに認知を広げ、協業できるチャンスを広げたい」と木口氏は語る。

※Daiwa Connect 動画 https://www.daiwahouse.co.jp/jutaku/daiwaconnect/

部屋全体が有機的に動くライフシーンを提案

コネクト環境の整備としては、２０１８年10月からＬＩＸＩＬと提携し、ＨＥＭＳと家電コントローラーが一緒に利用できる仕様にバージョンアップ。加えて、「Daiwa Connect」のオリジナル機能として「Google Home」経由での電動カーテンの開閉やスクリーンやプロジェクターとの連動も実現した。また、ライフシーンコンサルタントとして、家電などの単体の制御だけでなく、居住者の暮らしをさまざまなシーンで切り分け、「点」だけでなく「面」の利便性の提供にこだわっている。具体的には、おうちモニタリング、ペット見守り、長期不在モード、帰宅準備モードなど、８つの「ライフシーン」を設定し、実装している。「居住者の一言で、部屋全体が有機的に動くのが理想的。ＩｏＴをより身近に感じていただくため、８つのライフシーンを準備し、かなり具体的な提案ができる段階になってきた」（木口氏）。将来的には、お客様が自身のニーズに合わせたオリジナルのシーンを作り、空間をコントロールできるようにしていくことをめざすという。

今後の展望

大和ハウス工業の今後の展望は、「建物の健康と居住者の健康にフォーカスする」ことだと木口氏は語る。建物の健康とは、建物の資産価値を保ち続けることを指す。購入した住宅の資産価値が目減りしないように、性能劣化の状況を見える化。自然災害時には、遠隔からアラートを確認できるようにすることで、常時サポートできる仕組みを構築する予定だ。大きな故障になる前に、未然にメンテナンスができるよう普段から見守る体制づくりをめざしている。

居住者の健康については、ヒートショックや熱中症など、宅内での事故を未然に防ぐ方法を模索している。「建物や健康リスクにつながるところを中心に、先周りして居住者に呼びかけていきたい。住宅と当社がコネクトしている環境を構築することで、数年に一度の定期点検だけでなく、常時診断・常時点検の関係をつくりたい」と木口氏は語った。お客様といかにつながり続けていくか、大和ハウス工業の挑戦が続く。

インタビュー 8

積水化学工業

太陽光発電、蓄電池、電気自動車を活用したV2Hを搭載した次世代住宅を展開 さらなるエネルギー収支の向上と快適性の両立をめざす

2018年10月当時の内容

積水化学工業（大阪市北区）は年間約1万棟の戸建てを供給する大手ハウスメーカーだ。住宅そのものの性能向上に加えて、省エネ設備、太陽光発電を搭載し、光熱費収支ゼロ、エネルギー収支ゼロをめざした高性能住宅を展開している。さらに、蓄電池やV2Hといった蓄電技術を強化し、災害のレジリエンスを高め、昼も夜も電気を自給自足できる住宅をめざす。

太陽光発電、蓄電池、V2Hシステムを次々と展開

積水化学工業での太陽光発電への取り組みは1997年に始まった。2003年には、光熱費ゼロコンセプトを提唱。エコロジーとエコノミーの両立をめざして、太陽光発電に高気密、

高断熱、エコキュートを組み合わせた住宅の販売を開始した。同社は、年間約1万棟の戸建て住宅を供給しており、戸建て住宅販売戸数において常に上位に入る企業。同社の取り組みが、日本の住宅事情、ひいてはエネルギー事情に与える影響は大きい。

「当社の取り組みを推進していくにあたり、２００９年からの住宅用太陽光発電の余剰買い取り制度（ＦＩＴ）と、２０１０年の国によるエネルギー基本計画での２０３０年ＺＥＨ（ネット・ゼロ・エネルギー・ハウス）標準化目標が与えた影響は大きい」と住宅カンパニー広報・渉外部 技術渉外グループ 塩グループ長は強調する。

同社では、光熱費ゼロの住宅普及を目標としていたが、そこ

積水化学工業株式会社

●住　　所　大阪市北区西天満２丁目４番４号
●設　　立　昭和22年（1947年）３月３日
●資 本 金　1,000億円
●売 上 高　1,107,429百万円（2018年３月期連結ベース）
●事業内容　「住・社会のインフラ創造」と「ケミカルソリューション」の事業領域において、３カンパニーとコーポレートで事業を展開
●従業員数　26,080名（2018年３月期連結ベース）

○住宅カンパニー　住宅、リフォーム、不動産、住生活サービス、海外　○環境・ライフラインカンパニー　配管・インフラ、建築・住環境、機能材料　○高機能プラスチックスカンパニー　エレクトロニクス、車輌・輸送、住インフラ材料、産業　○コーポレート　メディカル、住生活、エネルギー、新素材・新材料

からワンランク上げ、光熱費ゼロ、エネルギー収支ゼロ、電力不安ゼロの「3つのゼロ」をめざした。その後、HEMS太陽光発電の導入、蓄電池の導入、V2H（Vehicle to Home）システム、エネルギー自給率100％住宅の導入と、新製品を年々展開している。

創エネ・省エネ・蓄エネに関する取り組みの実績として、2006年には、自社で販売する住宅において、次世代省エネ断熱の採用率100％を達成。エコキュートは2010年に採用率86％、太陽光発電は2009年に採用率77％を達成した。HEMSは、導入当初から標準化を目標として70％台を維持している。家庭用蓄電池は、補助金の後押しもあって2013年に30％を達成。同社は、これを5割まで押し上げる計画だ。

実際のデータから見えた、エネルギーゼロの達成状況

同社は、太陽光発電とHEMSを搭載した住宅を対象として、年間の消費電力量・発電電力量を毎年調査している。最新の調査（2017年3月公表）では、購買傾向としては、将来の買い取り価格や出力抑制を見越して、それでも大容量を選択する家庭と、10キロワット未満に抑える家庭と傾向が二極化していることがわかる。

地域別のエネルギーゼロ比率を見ると、達成比率の高い地域トップ3は、熊本県、和歌山県、

宮崎県となっている。これらの地域は日射量が多く、暖房負荷が低い。一方では、日本海側では日射量が低いことと、暖房の消費電力量が多いためエネルギーゼロ比率は低くなっている。なお、東京都は、エネルギーゼロ比率が低いほうに位置するが、これは、地価に応じる形で屋根の面積が他県に比べて小さくならざるを得ず、したがって、エネルギーゼロ比率も相対的に小さくなっている。

ZEHの将来課題

エネルギーゼロ住宅の実績を着実に積み上げている積水化学工業だが、「我々にとってエネルギーゼロというのは、ゴールではなくて通過点と捉えている。いずれは、売電に頼らない100%自家消費型をめざすことが、真のエネルギーゼロなのではないか」と塩氏は展望を語る。

塩氏は、ゼロエネルギー達成住宅の発電余剰が生じる点を課題と捉えている。ZEHの普及により晴れの日には余剰電力が出る住宅が増えることで、電力系統への悪影響が懸念され、太陽光発電の出力制御問題が発生する。加えて、売電単価についても、26円/キロワット時の場合には、うち約11円/キロワット時を電力会社が負担、約15円/キロワット時が再生可能エネルギー賦課金であるが、ＦＩＴ終了後の売電単価は、10円／キロワット時前後になると予測されている。したがって、お客様や電力系統の目線で考えた場合には、先行きに不安のある売電に頼るよりも自家消費型を目標とすることが解決、と考えられる。

蓄電池を搭載した住宅における実績調査

そこで、積水化学工業は、同社のＨＥＭＳ・蓄電池・太陽光発電を搭載した住宅を対象に蓄電池の放電電力量などの調査を実施。その結果、深夜電力を充電する「経済モード運転」は、蓄電池がどれだけ稼働していたのを示す数字として、３６５日フル稼働した場合と比較すると、蓄電池容量が４～６キロワット時では71％、６～８キロワット時が64％、12キロワット時以上では58％が実稼働分であることがわかった。１００％との差分は使われなかった分ということになるが、非常時のバックアップ電源としての蓄電と位置付けられる。

太陽光発電から蓄電池に充電して夜間に使用する「グリー

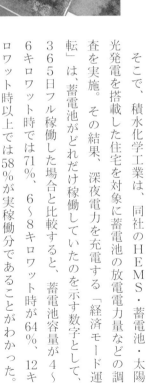

ンモード運転」については、自給率を試算しているが、その結果を見ると消費電力量のうち22％を太陽光発電で賄うことができる（平均容量）。さらに12キロワット時以上の場合は、消費電力量のうち約60％が太陽光発電で賄える結果となった。

蓄電池付きの住宅を選ぶお客様は、「災害時への備え」が最も有力な購買理由である。「災害時の建物の強さ、そして災害後も蓄電池という備えがあることによって、自宅で生活が可能となるところが強みである」と分析している（住宅カンパニー 住宅営業統括部 住宅商品企画部環境・快適グループ 相良課長）。

ＥＶ（電気自動車）への期待、そしてＶ２Ｈの開発へ

自動車の環境性能は、燃費で測られることが多いが、ＥＶは、燃費だけでは測れない。充電に要する電力価格は、その充電条件によって大きく差がでるからだ。昼間の一般的な時間帯に充電すれば25円／キロワット時だが、深夜電力では14円／キロワット時となり、また、ＦＩＴ後の売電単価となれば10円前後／キロワット時とまで安くなることも予想される。今後は、太陽光発電からの電力を使ってＥＶへ充電しておき、ＥＶの電気を家庭での電力消費に用いたほうが経済的になる可能性が出てきているのだ。

蓄電池搭載邸の運転実績調査

A：経済モード運転

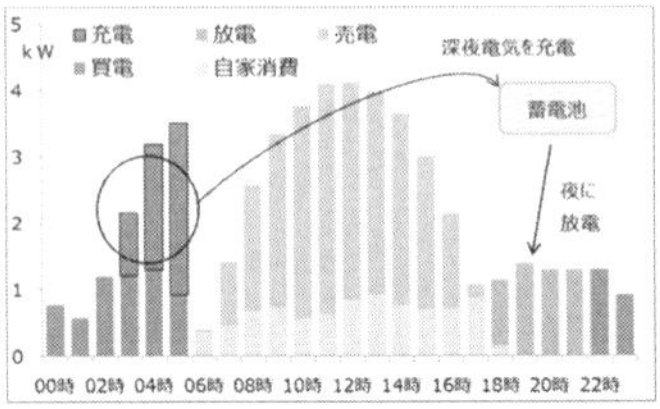

現在ＦＩＴ適用中のユーザーが利用しているモードの実測値を調査した。

B：グリーンモード運転

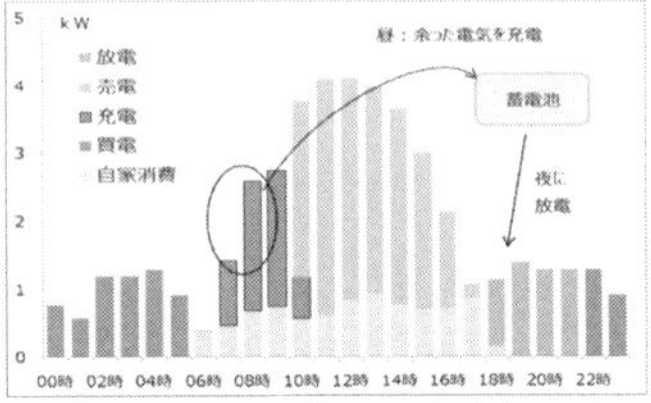

ＦＩＴ適用期間終了後に運用想定されるモードを試算した。３６５日、２４時間の消費、発電電力の実測値に基づいて試算しているので精度は高い。

実際、５キロワットの太陽光パネルは、晴れていれば30キロワット時／日程度発電する。一方、中間期（春・秋）における家庭の消費電力量は、15キロワット時／日程度のため、蓄電してすべて使ったとしても半分が余剰電力となり、ひいては電力系統への影響が懸念される。そこで同社では、２０１４年に太陽光発電とＥＶの組み合わせとしてＶ２Ｈ搭載住宅の販売を始めた。Ｖ２Ｈを活用することで、余剰電力をＥＶの走行に利用できるだけでなく、これまで太陽光パネルからＥＶへ供給するだけの一方通行であった電力の流れが、ＥＶから住宅に対して電気を供給する、サイクルを生み出すことが可能となった。

V2Hの付加価値

さらにＨＥＭＳ、Ｖ２Ｈ、ＥＶを搭載している住宅を対象に、１年間のＥＶ充放電データを調査。深夜電力をＥＶ

に充電して朝晩に自宅へ放電する「経済モード」での運転の場合、ＥＶの蓄電容量で見ると、走行に使われたのは2割程度、自宅への放電に使われたのは２〜４割程度となっており、残り４〜６割が蓄電残量となる結果が出た。「この蓄電残量は、非常時・停電時のバックアップ電源（安心価値）として活用できると捉えている」と塩氏は余剰分の価値を「安心価値」と捉えている。

　自給率で評価すると、電池容量が12〜20キロワット時のＥＶでは、走行を含めた電力消費量のうち48％を自給できる。仮にＥＶ走行を含めない場合には62％を自給できている。Ｖ２Ｈがない場合と比較すると、12〜20キロワット時の容量クラスの場合、蓄電池容量のうち走行は15％程度を走行に使っているため、残り85％が何にも活用されていないことになる。Ｖ２Ｈは、自宅への放電や安心価値として利用されていることがわかった。

住宅開発の方向性

太陽光発電のみを搭載した第1段階から、太陽光発電＋蓄電池を第2段階、太陽光発電＋V2Hを第3段階とした場合、家庭のエネルギー自給率は第1段階で22％、第2段階で41％、第3段階で48％と上昇している。なお、第3段階の自給率は、EV走行がない場合には62％に上る（太陽光発電の発電量を自家消費する「グリーンモード運転」の場合）。

積水化学工業では、第4段階は「太陽光発電＋V2H＋蓄電池（トライブリッド）」と位置付けており、既に販売を開始している。第4段階の狙いは、充電機会損失の解決である。EVが走行中で不在の充電機会損失については、住宅設置型の蓄電池に充電することで解消する。

「第4段階まで開発、販売している企業は当社だけである。市場は今、V2Hをやってみて、良さと課題が見えてきた段階。将来的には、EVにシフトしていくと思われる。時間はかかるだろうが、間違いなくマーケットは変わると確信している」と塩氏は今後を展望する。

「住宅は器であり、備えておくべきは、住宅で電気を作ることと貯めること両方ができる仕組み。基本となる幹をしっかりつくっていく」（塩氏）と、あくまで住宅メーカーとしての使命を軸に据えている。

セキスイハイムの「VtoHeimシステム」だからさらにできること

新機能

5 ソーラー電力・電気自動車の電力・電力会社からの電力を自動で最適利用できる

面倒な操作もなく電源を安定利用！※5

新機能

6 スマートハイム・ナビ（HEMS）と連動してライフスタイルに合った電力活用方法をアドバイス

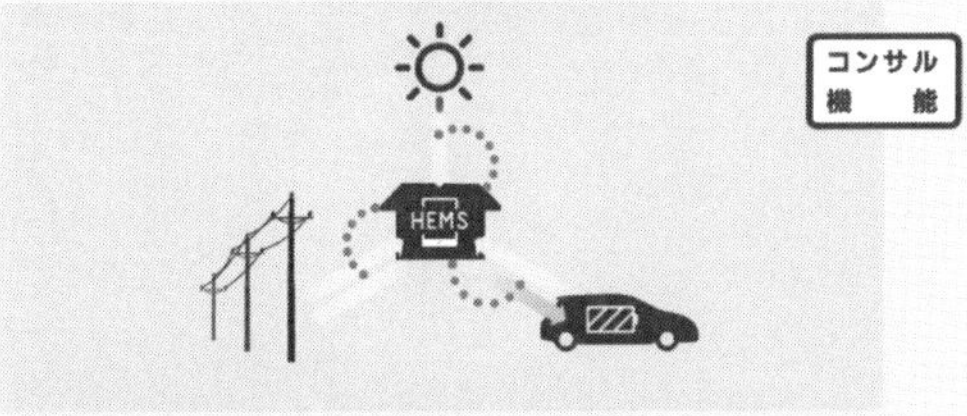

ムリなく効率よく電力を活用！

新機能

7 停電時でもソーラー電力を電気自動車に充電でき、夜間などに使える

停電が続いてもソーラー発電で安心！

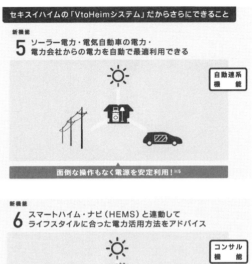

V2H搭載住宅はトライブリッド。お客様のデータを見ながら最適制御をAIが考える

　Ｖ２Ｈ搭載住宅において、蓄電池やＥＶの充放電のタイミングは、お客様のデータと天気予報の情報などから制御する仕組みとなっている。「一番のコンセプトは、お客様が無理をしないこと。お客様が頑張って制御するのではなく、ＨＥＭＳが制御する。加えて、エネルギー利用について我慢をしないことが生活の快適性を生む。快適性は担保しながら、エネルギー問題を解決していく」（相良氏）と製品の特長を明らかにする。

　なお、家電制御については、「家電の利便性を高めるところは家電メーカーに期待している。住宅メーカーとして解決しなければいけないテーマは、必須の設備としての空調や給湯。そちらにフォーカスすることを考えている」（塩氏）と語る。

住宅単独での取り組みから、街づくりへ

「ＦＩＴが終わったあと、どのような電力取引の形がベストな

のかは、さまざまな意見があると思う。何が良いのか答えはまだわからない。一方で2019年問題はあるので、まずは、戸建てのなかでエネルギーサイクルを完結してしまうモデルをシンプルに追及したい」（塩氏）と語る。「ゆくゆくは、住宅間での電力託送についても視野に入れることもあるだろう。託送については、さまざまな制約や変数があり、実現の道は近くない。しかし、1戸ずつ供給していくだけでなく、当社が街づくり全体に関わっていくことは、将来的にあり得る」（塩氏）と取り組みの方向を見定めている。

コラム

家庭用蓄電池でも進む「モノ」の消費から「コト」の創造へのシフトチェンジ

国際航業株式会社　エネルギー部　デジタルエネルギーグループ　土屋　綺香

「これから高くなる電気代、蓄電池を付けると安くなりますよ」、「蓄電池の価格は、これから上がっていくので、買うなら今ですよ」、「災害対策として、蓄電池は必須です。蓄電池があれば、停電時も普段通りの生活ができるようになりますよ」。

巷《ちまた》では、にわかに卒FIT、2019年問題が盛り上がっており、再生可能エネルギー機器販売の会社から電力会社までさまざまな事業者が家庭用定置型蓄電システム（以下、蓄電池）の販売に注力しています。私は現在、「エネがえる」という太陽光・蓄電池の導入経済効果シミュレーションのクラウドサービスを開発・販売しており、再生可能エネルギーに関わるさまざまな企業の方とお話をする機会があります。「エネがえる」は、販売支援ツールの側面が強いため、「どうやったら蓄電池が売れるか？」という話を聞くことがもちろん多いのですが、そのなかでも「どうして蓄電池を売りたいのか？」、「どうしてこれからは自家消費の時代なのか？」と言った話は、これからの私たちの生活がどうなるのかという漠然とした不安をワクワクに変え得るものだと感じています。

資源エネルギー庁のホームページでも、固定価格買取制度（ＦＩＴ）が２０１９年11月から順次終了していくことが記載されていますが、ぱっと見では「卒ＦＩＴ＝蓄電池の導入か余剰電力売電の継続」の構図だけのように見えなくもありません。しかしながら、業界で注目されているのは、その周辺のビジネスだったりします。２０１９年度だけで56万件の卒ＦＩＴユーザーが、それ以降も毎年約20万件ずつの卒ＦＩＴユーザーが出てきますので、それだけ多くの市民を巻き込むことで周辺ビジネスはかなりの規模となることが期待されます。

蓄電池は、現在は「説得商材」と呼ばれ、訪問販売が主な販売チャネルとなっています。訪問販売における営業トークは先に述べたとおり、災害対策、電気代の節約などが鉄板ネタとなっています。近年、台風や地震など大きな災害による停電が頻発していますので、停電時にも安心して生活が送れるようになるためには蓄電池が必要です。また、各所で電気代は今後も上昇傾向だろうと予測されているため、見えない固定費である電気代を下げるには、蓄電池は有効な手段です。しかし、訪問販売という極めて人件費がかかる手法での販売方法が主流であることで、蓄電池の販売単価の相場は20万～30万円／キロワット時と、世界標準の９万円／キロワット時に比べて大変高く、設置するエンドユーザーの方の負担が大きいことが普及にあたっての課題となっています。

「電気代が節約できる」という営業トークも、確かに節約はできますが、現在の販売価格から考えるとエンドユーザーは到底、経済的メリット（ここでは「元を取れる」ことを指します）を享受することは難しいのが現状で、メーカー側も、それを知ってか経済性シミュレーションを出している会社はほとんどありません（それでも経済性を知りたい、きちんと説明したいという販売会社は一定数いますので、そういう方は、弊社が提供している「エネがえる」を使ってシミュレーションをし、エンドユーザーにご説明していただいています）。

海外では、蓄電池の価格が電力会社から購入する電気代よりも安くなっている国もあります。今後、日本で蓄電池をよりコモディティ化させて周辺ビジネスを拡大させていくためには、販売経路や販売手法を変えるなどして蓄電池自体の販売価格を下げていく必要があると、販売現場を見ながら日々感じています。

では、メーカーや電力会社が蓄電池の販売に注力しているのはなぜなのでしょうか。もちろん蓄電池を販売することによる利益の獲得もひとつです。ただし、この卒FITの市場で注目されているのは、それだけではないことは既に冒頭にてお伝えしたとおりです。

蓄電池が卒FITユーザー含め世の中に普及していくことによって、今後どのような社会になっていくのでしょうか。

まず、蓄電池の「貯める」という特性を活かすことで、送配電網の内側・外側両方での電気のやりとりがより柔軟になります。太陽光で発電した電気は、いわゆる火力発電や原子力発電などとは違い、昼間の太陽が出ている時間帯にしか生み出すことができません。電力の安定供給のためには、需要と供給をバランスさせて周波数を一定に保つ必要がありますので、2018年10月に実施された九州での出力制御のように、供給できる電力量に対して需要が少ないと、せっかく太陽光で作った電気を有効活用できずに無駄にしてしまうという事態が起こります。こういった場合にも、蓄電池があれば、系統の制約によって余ってしまう電気を捨てることなく貯蔵し、別の場所や別の時間に利用することが可能になるのです。

さらに、貯める場所が増える（蓄電池の数が増える）ことによって、これまで送配電網を通じて電力会社から買うか、各家庭の蓄電池に貯めるかでやりくりしていた電気をコミュニティの中で売買できるようになります。

日本では、まだ法整備も含めて体制が整っていないため、各地で実証実験が行われている段階ですが、海外では既に実サービスとして稼働しているところもあります。ドイツのSonnen社が有名な例です。Sonnen社は、家庭用蓄電池を販売しているメーカーですが、Sonnen社の蓄電池ユーザーは、Sonnen Communityというコミュニティに加入することができ、お互いに余剰電力を取引できるようにしています。月額19・99ユーロを支払うことで、これまでの電力会社に電気料金を支払わなくてよくなるだけでなく、天気予報に合わせて蓄電池を最適制御してくれるため、ユーザーは複雑なことを考えることなく、経済性高く再生可能エネルギーを活用することができます。

各家庭にそうした便益をもたらすだけではありません。このビジネスモデルは、送配電事業者にも送配電網への負担軽減といったフレキシビリティの面でのメリットもありますし、仮に電力小売事業者としても事業を行っている場合には、電力の卸売市場のみに電力供給を依存するリスク

から逃れることも可能なのです。
日本では、２０１６年の電力小売完全自由化ののち、多くの新電力事業者が出てきています（２０１９年４月１日時点で６１１社、電気料金プランを公表しているのは、うち２７０社。国際航業調べ）が、その多くが「ＪＥＰＸ」と呼ばれる日本卸電力取引所から電力を購入してエンドユーザーに供給しています。記憶に新しいかと思いますが、２０１８年７月31日には、ＪＥＰＸでのスポット市場価格が高騰し、99・99円／キロワット時という前代未聞の高値を記録しました。あくまでスポット市場ではありますが、消費者に対して一定の価格単価で電力供給するにも関わらず、その仕入れで大変な損失があっては、事業として持続可能とはいえません。
先に述べた太陽光と蓄電池をバーチャルな自社の発電設備とすることで、変動しやすい市場に依存するよりも安定した経営が可能になりますし、さらには、近年急激に日本でも普及してきたＥＳＧ投資を狙う企業やＲＥ１００加盟企業への売電も可能になり、供給する側もされる側も win-win の関係を築くことができるのです。

このように、「なぜ蓄電池を売りたいのか？」の理由は、ただ「モノ」を売るのではなく、電気をやりくりする「コト」に重きを置かれているというわけです。

「ちょっとお味噌《みそ》分けて」、「たくさん貰《もら》い物したからお裾《すそ》分けするわ」。

少し前の日本には、こういったコミュニケーションが当たり前のように存在していました。今でこそご近所づきあいも希薄になってきてしまっていますが、エネルギーに限った話であれば、近い将来にまた「ちょっと分けて」が当たり前になり、それが多くのコミュニティで実現することで、よりしなやかで強い社会になるのではないかと期待しています。

おわりに

本書の構想を練り始めたころは、シンプルに家庭やオフィスでのエネルギー情報の活用事例紹介という視点での執筆を想定していた。ところが、8社へのインタビューを進めるうちに、頭の中でどんどんイメージが膨らんでいった。各社ならではの取り組みを知るなかで、エネルギー情報を軸とした新しいビジネスの潮流に気がついたのだ。加えて、新しいビジネスに挑戦する各社の方々の熱量に魅入られてしまい、「何とかこの大きな流れを読者の皆様にお伝えしたい」と思うようになった。

と、そこまではよかったのだが、「デジタル化する社会」、「これまでの情報とこれからの情報の違い」、「エネルギー情報の価値」、「情報・サービス産業への道のり」など、一つひとつ丁寧に筋道を立てて伝えていくことに思いもよらない苦労が待っていた。

例えば、情報・サービス産業について述べようとすると、どうしてもIoTや5G、クラウドコンピューティングなどの最新のデジタルテクノロジーや、GAFA、GDPR、情報銀行などのビジネストレンドの話題は避けては通れない。すると途端に、「インフラ産業であるエネルギービジネスとはかけ離れた話」に感じられてしまう。

読者の皆様に「エネルギービジネスのインフラ産業から情報・サービス産業への更なる飛躍」をイメージしていただくには、どう伝えればよいのか……。幾度も読み返し、ときには抜本的な書き直しをしながら現在の形に至った。おそらく、第1章の途中あたりで、「ここからエネルギービジネスの話にどう展開していくのだろう?」と不安になられた読者の方も沢山いらっしゃったと思う。危ぶみながらも最後まで読んでいただいたことに、改めて深く感謝を申し上げたい。

第3章にまとめた8社のインタビューについて、エネルギー業界に馴染みの薄い読者の方は、是非じっくりと読んでいただきたい。各社の狙い、ビジネスモデル、今後の展望などを詳しく知っていただけると思う。一方で、既にエネルギー業界について造詣が深い読者の方は、ご自身のこれまでの経験に新たな視点を重ねてみていただきたい。

エネルギー業界の始まりは、明治時代まで遡《さかのぼ》る。長い歴史を持った、国内でも大きな業界のひとつだ。歴史が長いということは、積み重ねられた技術の素晴らしさがある半面、なかなか変えられない伝統や体制の存在にも、どうしてもつながってしまう。

「インフラ産業と情報・サービス産業は異なる」、「エネルギー情報は大して役に立たない」といったご指摘を受けることも多々ある。しかし、これはエネルギー業界だけに限ったことではないが、可能性を信じながら知恵を絞り、楽しみながら模索することがビジネスの醍醐《だいご》味《み》なのではないだろうか。そんなふうに考えられる人だけが見ることができる未来が、きっとあると思う。

本書は、インタビューさせていただいた8社の企業の方々や、コラムにご寄稿いただいた方々をはじめ、多くの皆様にご協力いただいてできあがっている。大変お忙しい中にあって心から御礼を申し上げたい。

また、本書を刊行するにあたっては、『エネルギーデジタル化の未来』（２０１７年２月刊行、現在３刷目）、『ブロックチェーン×エネルギービジネス』（２０１８年６月刊行、現在４刷目）に続き、株式会社エネルギーフォーラム出版部の山田衆三氏に大変お世話になった。この場を借りて厚く御礼を申し上げたい。

本書で使用した図表（筆者作成分）は、パワーポイントのプレゼンテーション資料として、左記ＵＲＬのウェブサイトよりダウンロードし、ロイヤリティフリーでご利用いただけます。社内の勉強会や企画資料などの素材として是非ご活用ください。
https://pps-net.org/data

〈参考文献〉

・書籍など

『声の網』星新一（１９７０年、講談社）
『１９８４年』ジョージ・オーウェル（１９７２年、早川書房）
『情報の経済理論』野口悠紀雄（１９８６年、東洋経済新報社）
『情報経済の鉄則』カールシャピロ、ハル・ヴァリアン（２０１８年２月、日経ＢＰ社）
『デジタルドリブンエコノミー』森川博之（２０１９年４月、ダイヤモンド社）
『サイバーファースト』江﨑浩（２０１７年６月、インプレスＲ＆Ｄ）
『データの見えざる手』矢野和男（２０１４年７月、草思社）
『リソースレボリューションの衝撃』ステファン・ヘック、マット・ロジャーズ（２０１５年８月、プレジデント社）
『２０１８年版　エネルギー白書』経済産業省（２０１８年８月、経済産業調査会）
『公研』雑誌（２０１９年４月号）
『マイノリティ・リポート』映画（２００２年）

・雑誌／報告書／ウェブサイト

株式会社エナジーゲートウェイ　https://www.energy-gateway.co.jp/
合同会社ネコリコ　https://www.necolico.co.jp/
東京ガス株式会社　くらしのサービス　https://home.tokyo-gas.co.jp/service/index.html
大阪ガス株式会社　家庭用燃料電池「エネファーム」　http://home.osakagas.co.jp/search_buy/enefarm/index.html
ＫＤＤＩ株式会社　ａｕでんき　https://www.au.com/electricity/

エンコアードジャパン株式会社　https://www.enertalk.jp/
大和ハウス工業株式会社 DaiwaConnect（ダイワコネクト）　https://www.daiwahouse.co.jp/jutaku/daiwaconnect/
積水化学工業株式会社 セキスイハイム　https://www.sekisuiheim.com/
総務省「情報信託機能の認定スキームの在り方に関する検討会」　http://www.soumu.go.jp/main_content/000550647.pdf
総務省「情報信託機能活用促進事業に係る委託先候補の決定」　http://www.soumu.go.jp/menu_news/s-news/01tsushin01_02000258.html
経済産業省「次世代技術を活用した新たな電力プラットフォームの在り方研究会」
https://www.meti.go.jp/shingikai/energy_environment/denryoku_platform/index.html
The GDPR: new opportunities, new obligations
https://ec.europa.eu/commission/sites/beta-political/files/data-protection-factsheet-sme-obligations_en.pdf
THT WALL STREET JOURNAL　Google, Amazon Seek Foothold in Electricity as Home Automation Grows
https://jp.wsj.com/articles/SB11163902675293294257404585090531202758488
関西電力株式会社　https://www.kepco.co.jp/corporate/pr/2019/0205_1j.html
https://www.kepco.co.jp/corporate/pr/2019/pdf/0205_1j_01.pdf
ＤｅＮＡ×ＡＩ　https://dena.ai/work8/
不在配送ゼロ化ＡＩプロジェクト　https://www.prototekton-web.com/home

＜著者紹介＞

江田健二　えだ・けんじ
一般社団法人エネルギー情報センター理事

1977年、富山県生まれ。慶応義塾大学経済学部卒業後、アクセンチュアに入社。電力会社、大手化学メーカーなどを担当。アクセンチュアで経験したITコンサルティング、エネルギー業界の知識を活かし、2005年にRAUL株式会社を設立。一般社団法人エネルギー情報センター理事、一般社団法人CSRコミュニケーション協会理事、環境省地域再省蓄エネサービスイノベーション促進委員会委員などを歴任。「環境・エネルギーに関する情報を客観的にわかりやすく広くつたえること」、「デジタルテクノロジーと環境・エネルギーを融合させた新たなビジネスを創造すること」を目的に執筆・講演活動などを実施。主な書籍に『エネルギーデジタル化の未来』、『ブロックチェーン×エネルギービジネス』（第39回「エネルギーフォーラム賞」普及啓発賞）など多数。

書籍のご意見・ご感想などをお待ちしております。bookeda@ra-ul.com

＜制作・編集協力＞

伊藤吉紀　東北大学大学院工学研究科博士課程修了。外資系コンサルティングファーム戦略グループ、ベンチャーなどを経て、外資系クラウドベンダーにて先進的サービスを用いた顧客の成功を研究・支援。

鈴木祐子　ライター／キャリアコンサルタント／人事育成コンサルタント。

森　正旭　上智大学大学院地球環境学研究科修士課程修了。電力・エネルギー専門の情報サイト「新電力ネット」の立ち上げに関わり、責任者として運営。

エネルギーデジタル化の最前線2020

2019年9月26日　第一刷発行
2020年9月4日　第二刷発行

著　者　江田健二
発行者　志賀正利
発　行　株式会社エネルギーフォーラム
〒104-0061　東京都中央区銀座5-13-3　電話 03-5565-3500

印刷・製本所　大日本印刷株式会社
ブックデザイン　エネルギーフォーラムデザイン室

定価はカバーに表示してあります。落丁・乱丁の場合は送料小社負担でお取替えいたします。

　ISBN978-4-88555-503-9